事前の準備で
成功確率が変わる

起業0年目の教科書

倉林寛幸
Hiroyuki Kurabayashi

かんき出版

まえがき

皆さんは、
起業家が華やかに活躍する姿を見て、
ふと「自分もやりたい」「できるかも」と
思ったことはありませんか？

まさに、そのときこそ「起業0年目」の始まりです。

ただし、高級タワーマンションに住み、高級ブランドのファッションに身を包み、ブラックカードで買い物をして、嫌な仕事は一切せず、ノー残業で人間関係にも煩《わずら》わされない優雅な暮らしを夢見て「すぐに起業したい」とテンションが上がっている人は、ちょっと冷静になってください。

私も起業前にそんな妄想をしていました（苦笑）。

そのせいで、起業してから地獄のような苦しみを味わっていた時期があります。

私の場合、会社を辞めて起業した1年目にビギナーズラックで2000万円を稼げたので、まさに夢に描いていたような優雅な暮らしをしていました。

自分は成功者になれたんだ。そう酔いしれていたのも束の間、2年目に取引先とトラブルを起こして一気にどん底へと転落してしまったのです。

みるみる口座のお金が減っていく日々。あまりにお金がなさすぎて、500円だけ持ってスーパーに買い物に行って、たまご1パックと豆腐3丁だけ買って帰る、なんていうことが何度もありました。ＳＵＩＣＡに1000円をチャージするだけでも心臓がバクバクしました。

お金がなくなると冷静な判断ができなくなり、数十万円もする自己啓発セミナーにどっぷりハマって何度も課金したり、あやしい儲け話に引っかかってしまって800万円の借金を背負ってしまったりしたこともあります。

ありがたいことに、私はそのどん底から何とか這《は》い上がって年収は4000万円を超えるようになり、今、この本を書くことができています。

振り返ってみると、起業0年目に何の準備もしないまま起業したので、イバラの道をまっしぐらに歩んでしまった気がします。

仕事に対する姿勢も、一人でビジネスをする心構えも何もなく、会社員をしていたときの延長でやっていればうまくいくだろう、ぐらいにしか考えていませんでした。

起業0年目にもっと下地を整えておけば、激しいアップダウンはなく、ゆるやかに右肩上がりになる起業家人生を歩めたかもしれません。

皆さんには、ぜひこの本を読んでいただいて、私がどん底の5年間で味わった苦労と時間をショートカットしていただきたいのです。

本書のノウハウを実践すれば、大成功はしないかもしれませんが、大失敗はしないと思います。今は円安や値上げラッシュなど世の中の状況が不安定なので、大失敗しないことが何より大事ではないでしょうか。

私は、最初から年収数千万円や数億円を目標にする必要はないと考えています。

ただ、何も行動しなければ何も変わりません。「ノーアクション、ノーリターン」です。

「バタフライ・エフェクト」という言葉もあるように、最初は小さな蝶の羽ばたきのような行動が、いつか世の中を動かすような大きな事業につながるかもしれません。起業はそんな可能性を秘めています。

とはいえ、今よりも月5～10万円増えるだけでも、あなた自身にとっても、あなたのご家族にとっても、将来への不安が消えていきますよね。

まずはこれだけでも十分だと思います。

「もっと稼ぎたい！」「いける！」と思ったら、アクセルを踏み込めばいいでしょう。

まずは妄想スイッチを切って（笑）、今の自分でできることから始めましょう。

起業0年目の最初の一歩は大きく踏み出すのではなく、小さくても正しい方向に向かって一歩踏み出すことが大切です。

起業0年目の教科書　目次

第3章 会社にいるうちにやること …… 83

第5章 リピートと紹介を生み出すコミュニケーション術　141

第6章 人脈ゼロから始める集客、営業法 …… 171

第7章 稼ぐだけではダメ! 誰も教えてくれないお金の話……213

第8章 無理なく進める起業スケジュール …… 243

カバーデザイン 井上新八
本文デザイン・DTP 佐藤千恵
編集協力 大畠利恵
素材提供：Boyko.Pictures, acr23, The Studio, D4Design/Shutterstock.com

第1章

起業したいと思ったら

起業で成功する人は、
起業0年目から自分の力を信じている

最初にお伝えしておきます。

起業するのに特別な才能は必要ありません。

ただし、「根拠のない自信」はとても大切です。

私の起業塾に参加する方を見ていても、「自分は絶対稼げるはずだ」と信じている人が着実に成功しています。

最初は稼げていなくても、自分の可能性を信じている人は時間がかかっても成功します。それは「根拠のない自信」のなせる業《わざ》だと言えるかもしれません。

反対に、心のどこかで「自分にはやっぱり向いていないかも」「自分はどうせダメだろう」と思っている人は、ちょっと試しただけで、「うまくいかなかった」「相手に嫌われてしまった」と、すぐに投げ出してしまいます。

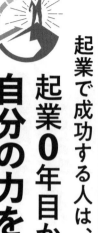

起業してみたらわかりますが、寝る間を惜しんで仕事をしなくてはならないときがあります。仕事相手とトラブルになるのも避けられないでしょう。仕事がない時期もあるかもしれませんし、常に目に見えない不安と戦わなくてはなりません。

会社なら、誰かがフォローしてくれたり代わりに対応してくれたりしますが、起業したら全責任を自分で負わなくてはならなくなります。**最後は「自分を信じられるかどうか」にかかってきます。**

学歴や職歴、経験やアイデア。そんなものはなくても起業できます。

人脈がなくても、専門的なスキルがなくても、コミュ力オバケではなくても、並外れた行動力や決断力も必要ありません。

起業0年目とは、すべての能力がゼロでも始められるという意味のゼロでもあります。

カリスマ性のある優秀な人だけではなく、もっと地味でとびぬけた才能のない人でも起業で成功できます。それは私自身の経験からも、私のまわりの起業で成功した人を見ていても、断言できます。

それに、今はメディアで活躍している起業家の方々も、最初は実績ゼロです。

私は、起業0年目の段階では、起業を目指す人の能力にも才能にもそれほど大きな差はないのではないか、と思っています。

たとえば、ZOZOTOWNをつくった前澤友作さんの起業0年目は、バンド活動をしていたときにライブ会場でしていた物販だそうです。CDやTシャツなどを販売するスペースで、前澤さんが趣味で集めていた輸入レコードやCDを販売したところ、大好評だったとか。

そこから、カタログをつくって本格的にレコードやCDを売るビジネスを始めて、会社もつくり、その流れで好きな服を売るビジネスも始めました。それがZOZOTOWNに発展していったのです。

最初からZOZOTOWNのアイデアがあったわけでもなく、すぐれたビジネスのノウハウがあったわけでもありません。

私自身は前澤さんほど大成功していませんし、カリスマ性もゼロですが、起業0年目から自分の可能性を信じていたところは共通点かもしれない、と勝手に思っています。

人は誰でも特別な存在です。

「自分なんか、何も取りえがない」とか「どうせ、たいしたことはできない」と考えているのなら、まず「なんか」「どうせ」と考えるのをやめましょう。

皆さんは、この世で唯一無二の存在です。

「自分にもできる」と思えたら、たいていのことはできます。

自信を持てない理由は、「起業したくてもビジネスのアイデアがない」「起業してもうまくいくかどうかわからない」といった不安に縛られていることでしょう。

起業が自分に向いているかどうかは、やってみないとわかりません。

起業は全員に与えられているチャンスでもあります。

私は本書で、そのチャンスをいかにうまく安全に活用するのかをご紹介します。

チェックポイント

自分には起業の才能がない？

必要なのは才能より、自分を信じる心。

起業で成功する人は、起業0年目から二足の草鞋を履いている

もし皆さんが、今何の準備もせずに「会社を辞めて起業しよう」と考えているのなら、ちょっと待ってください。

それは燃え盛る火に自ら飛び込むようなものです。

確かに、一昔前までは火に飛び込むような覚悟が必要だったかもしれません。起業するには資金も必要でした。

しかし、今は時代が変わり、さまざまなツールがあります。そのツールを活かした一つの手段が副業です。

まずは会社に勤めながら、副業で「お試し起業」をしてみる。

副業で手ごたえを感じたら、退職して本格的に起業する。

この順番を守れば、起業で成功する確率がグンと上がります。

私自身も、会社員時代から副業をしていました。

といっても、当時は社会全体が「副業なんてけしからん」という風潮だったので、会社には内緒でこっそりしていました（今だから明かせますが）。

私は日立ソフトウェアエンジニアリング株式会社（現・株式会社日立ソリューションズ）でシステムエンジニアとして7年半会社員生活を送っていました。

とにかく満員電車で通勤するのが嫌で嫌で、それに加えて社内での人間関係でも苦手な上司や先輩がいたりして、会社勤めを苦痛に感じていました。

そんな鬱々《うつうつ》とした気持ちを抱えながら社会人3年目に入ったころ、在宅勤務に関するサービスが始まり、「これを利用したら会社に来なくてもいいんじゃないか？」とふと思いました。自宅で仕事を請け負える時代になったと感じたのです。

さらに、一緒にチームで働いていた協力会社のフリーランスの方が、責任を負わなくていいのに、給料は私よりもたくさんもらっている。「なんか不公平だな」と感じました。そのようなことが重なり、「会社を辞めて起業したい」と本気で考えるようになりました。

そんな折、その協力会社の方から、「知り合いがソフトウエア会社をやってるんだけど、人手が足りないらしくて。もし時間に余裕があったら、倉林さんちょっとアルバイトしてみない？」と声をかけていただきました。即引き受けて、1、2年は年間100万円を副業で稼いでいました。

そして、「これなら一人でもやっていけそうだな」と自信を持ち始めていたころ、「本気で独立するんだったら1年ぐらい仕事を回すよ」と副業先のソフトウエア会社の方から言われて、「それなら」と会社を辞めて起業したのです。

その後、山あり谷ありの大きな展開になるのですが、詳しくは後述します。

自分の経験から、どんなに「会社を今すぐ辞めてもやっていける」という自信があったとしても、まずは二足の草鞋を履くところからスタートするのをおススメします。

なかには、勢いで会社を辞めてしまって、それからどんなビジネスをするかを考えて、最終的に成功する人もいます。

しかし、うまくいかなかったときにお金がどんどんなくなっていく生活は、想像以上にメンタルをやられます。資金が底をついて、アルバイトをしながら食いつなぐのも珍しい話ではありません。

うまくいかなくても逃げ道が残っていれば傷は浅くて済みますが、退路がないと、そこから社会に復帰するまでに時間がかかります。精神的なダメージも大きいはずです。**だから、退路を断つのは最後の手段です。**

くれぐれも、「会社が嫌だから」「人間関係がうまくいっていないから」といった理由で、勢いで辞めてしまわないように。

私自身も、それが起業の動機であっても、そこから数年間は会社員を続けました。

会社員であるのが嫌になったなら、会社の辞め時ではなく、「起業の準備の始め時」だと思いましょう。

チェックポイント

副業と起業は別物？

副業は起業のための第一歩。

起業で成功する人は、

起業0年目から簡単に稼げる話には飛びつかない

今は起業したい人向けのセミナーをしたり、アドバイスをしたりしている私も、かつてどん底だった時期があります。

起業当初は順調にいき、年収2000万円くらいになったのですが、その後苦境に陥った時期に怪しげな儲け話に引っかかりました。

何をやってもうまくいかず、貯金も底をつき、自信をなくしている状態だと、正常な判断ができなくなります。まさに「貧すれば鈍する」でした。

私の場合、当時通っていた自己啓発セミナーに参加していた受講生仲間から、「簡単に儲かるビジネスがあるんだけど、倉林さんもどう？　自分もやってるけど、稼げるよ」と言われて、「やります」と即答していました。

そのビジネスとは、携帯キャリアが実質0円で提供するiPhoneを中国に転売するというものでした。

スマホは一人につき10回線まで契約できます（キャリアによります）。そのうえ、法人では何十台でも何百台でも契約できるので、一人で50台ぐらい契約してiPhoneを手に入れて、1台7万円で転売しました。

ただ、携帯電話は解約してはいけない期間が決められていて、その前に解約すると違約金を取られるので、一部は負担が生じていました。そして解約したら、また違う会社で契約を結び、無料でiPhoneを手に入れて転売する。

それを繰り返していたところ、突然法律が変わってiPhoneが0円で手に入らなくなり、このビジネスは終了しました。

残ったのは800万円ぐらいの借金です。回線が50回線以上あったので、それらの毎月の基本料金が重くのしかかり、解約するにしても違約金がかかるので、一気に負債になってしまったのです。

そもそも、お金に困っているからやっていたので、払えるわけがありません。

督促状が何度も届き、赤い封筒で警告が届いたときは、さすがに「やべえ」と青くなり、担当になっていた弁護士事務所に連絡すると、「一括で返済してください」と無慈悲な通告を受けました。

「それはムリです」と懇願したら、月に数万円ずつ返済していくことを認めてもらいました。そこから改心して、何とか1年ぐらいで返し終わったのですが、「簡単に稼げるビジネスなんてないんだな」と身に沁みました。

底の底を味わってから何とか浮上できたものの、あのまま浮上できなかったら、今ごろどうなっていたか……。

自分の経験から声を大にして言いたいのは、「世の中には簡単に稼げるビジネスなどない」ということです。

起業で大きな失敗をする人には「一獲千金マインド」という共通点があります。ラクをしてお金を稼ぎたいマインドが強すぎるので、おいしい話が来るとチャンスだと思い、乗っかってしまうのです。

起業についてネットで情報を調べていたら、「人生の成功者になれる」「すぐに月100万円稼げる」などと謳《うた》ったセミナーやビジネスの広告が表示されるでしょう。くれぐれも、そういった情報には飛びつかないように。十中八九、怪しげなセミナーやビジネスです。

お金に困っていたり、今の環境が嫌すぎたりすると、「これで抜け出せる」と飛びついてしまう人が後を絶たないから、怪しげな儲け話はなくならないのでしょう。

とくに起業する前に怪しげな儲け話に引っかかって大金をつぎ込んでしまうと、起業自体が難しくなります。「自分はそんなのには引っかからない」と思っていても、信頼していた知り合いに話を持ち掛けられたら、「これなら安全だろう」とバイアスがかかることもあり得ます（私のように）。

だから、地道にコツコツ稼ぐのが一番安全で確実なビジネスだと思ってください。

3年くらいは下積みでやるつもりでいると、お客様にも信頼され、徐々に仕事は増えていきます。世の中には、おいしい話など転がっていないものなのです。

チェックポイント

自分だけは騙されないと思っていませんか？
落とし穴は気がつかないから落とし穴。

起業で成功する人は、起業0年目から特別なスキルはなくてもよい

以前、テレビ東京の「カンブリア宮殿」で、〝天才発明家〟と呼ばれるネジロウの社長、道脇裕氏が紹介されていました。

世界初の「ゆるまないネジ」を開発した方で、従来のネジ山の螺《ら》旋《せん》構造をやめて新たなネジ山をつくり、右まわりと左まわりのナットを1本のネジで同時に使うことでゆるまないようにしました。この発明はいくつもの賞をとり、「世界に誇るべきニッポンの100人」という雑誌記事でも紹介されました。

ところが、どこの企業もそのネジを採用しようとしませんでした。理由は、実績がないこと。今までにない画期的なネジだから前例がないのは当たり前ですが、どこかで使った実績がないとすぐれたネジでも採用できないという、まるで禅問答のような世界です。

2021年に世界最大手の鉄鋼商社「メタルワン」とタッグを組み、道脇氏の発明は

日の目を見るようになったのですが、2009年に会社を設立してから10年以上は不遇だったことになります。

日本では、この「実績がない」「前例がない」という大きくて高い壁が、起業家の前に立ちはだかります。道脇氏のようにそれでもチャレンジし続ける人は、ごく少数でしょう。

頑張って汗をかいてアイデアをひねり出し、投資家にアイデアをプレゼンして資金を出してもらって、仲間を募って会社を始める。何度も何度もチャレンジして、大きな壁を乗り越えられる人もいます。

しかし、それには運や行動力が必要ですし、成功するまでに時間がかかっても耐えられるような我慢強さや覚悟がなくてはなりません。


道脇氏のように天才ではない私たちは、どのように、その大きくて高い壁を乗り越えればいいのでしょうか？

私の答えは、「まず乗り越えられる壁を選べばいい」です。


登山でも最初からエベレストに登る人はいないでしょう。

世の中にないものをビジネスにしようとすると壁を乗り越えるまでが大変ですが、すでに世の中にあるスキルや知識をビジネスにすれば、ひょいっと乗り越えられる高さの壁しかありません。

私の起業塾に、社会人2年目の女性Aさんが参加していました。

社会人2年目は、社会人としてのスキルも知識も経験も半人前です。しかも、Aさんは転職したばかりで、経験値がゼロに戻ったようなものです。「自分に何が向いているのか、何が強みなのかわかりません」と自信なさそうに打ち明けてくれました。

そんなAさんが、半年後には副業で月5万円稼げるようになりました。今も起業に向けて着々と実績を重ねている最中です。

私が起業塾で紹介しているのは、ココナラやストアカといった自分のスキルをビジネスにできるサイトに登録する方法です。

私のメインの仕事はWeb広告の代理業なので、Web広告のつくり方を教えて、ココナラで自分のスキルとして出品するようにアドバイスしました。ちなみに、まずはFacebookやInstagramなどで表示される画像や動画の広告から始めてもらいました。

ただ、ココナラでは「Web広告をつくります」というスキルで登録している人は大勢いるので、自分を選んでもらうのは簡単ではありません。

初心者であることを隠さず、料金も安く設定しておくと、3か月目ぐらいからちょこちょこ問い合わせをもらうようになりました。そのメッセージをすべて転送してもらい、「こう返しましょう」とアドバイスすると、4か月目に初めて仕事を受注できました。

するとサイトの自分の紹介ページに「販売実績」の件数が表示されるので、実績ゼロではなくなります。次はそれを見た人から注文があり、また実績が増え……と1件ずつ積み重ねていくうちに、**6か月目くらいに月5万円稼げるようになりました。**

元々Web広告のスキルがあったわけではなく、まさに経験ゼロから始めたのですが、半年ぐらいで成果を出せるようになったのです。今は、特別なスキルや才能がなくても成功できる時代であることを、実感していただけたでしょうか。

チェックポイント

どうせ登るなら高い山を狙う？
登れない山に登らない勇気を持つ。

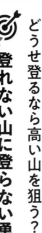

起業で成功する人は、起業0年目からまず3000円を稼いでみる

前述したAさんの体験談を読み、「月5万円しか稼げないの？」と感じる方もいるかもしれませんが、経験ゼロ・スキルゼロの人のスタートとしては上々です。

実際に副業してみればわかりますが、月数千円稼ぐのも簡単ではありません。

「経験ゼロ、スキルゼロでもいい」と言っても、現実には素人に仕事を任せようと思う人はなかなかいないものです。

ココナラやストアカで自分のスキルをアピールしても、誰にも興味を示してもらえない日々がしばらく続きます。時には数か月かかるかもしれません。

それでも、誰にも見向きをされない期間を乗り切れば、そこから先は道が開けてきます。

私は、起業塾では「3000円の仕事を10件経験してほしい」と伝えています。

3000円は、初心者の料金としてはちょうどいい値段です。仕事を依頼する側としては、経験もスキルもゼロの人に5000円以上を払うのは「高いな」と感じます。

かといって、1000円では安すぎますし、初心者であっても多少は利益を得るためには3000円がちょうどいい金額だと言えます。仕事を依頼する側も、「3000円なら安いから、初心者でもいいか」と頼みやすくなります。

ところが、4、5件やった段階で、「こんなに大変な思いをして、これだけしか稼げないなんて」と心が折れかける人は大勢います。

もっと稼げる仕事を探したり、副業自体を諦めてしまったりする人もいますが、もったいない話だと思います。

考えてもみてください。

その分野では初心者であるにもかかわらず、お金をもらって経験を積ませてもらうことは、ほかのどこでできるでしょうか？

通常は、ある程度スキルを身に付けるまでプロにお金を払って教えてもらい、それから仕事を受けるという順番です。

しかし、ココナラでは最初からお金をもらえますし、仕事が発生したら、その体験が活きた教科書になります。

10件こなすうちに「お客様はこういうところで困るものなんだな」という勘所がわかってきますし、コミュニケーションも慣れてきます。

最初は手探りで進めていた仕事の全体像が見えてくると自信がつくので、仕事が面白くなってくるでしょう。

10件こなせば料金を値上げしても依頼が来るようになり、利益も増えていきます。

その段階になるまで、焦らず腐らず、地道に小さな仕事をこなすのが起業0年目の大事な心構えです。

もし、どうしても確実にお金を稼ぎたいなら、コンビニや飲食店で働くとか、ライドシェアの運転手になるなどの方法もありますが、完全なダブルワークは肉体的にも精神的にもかなり負担がかかります。

ココナラやストアカなどで仕事の依頼が来たときだけ対応するほうが、本業には影響を与えません。

めげずに続けるうちに月数千円が月数万円になり、やがて月数十万円と増えていきます。

その段階で独立すれば、起業家としてやっていけます。

千里の道も一歩から。

まずは小さい仕事で実績をつくって、起業0年目に少しずつ種まきをしていきましょう。

チェックポイント

起業で一番大切なのはお金儲け？

経験はお金でも買えない永久財産。

起業で成功する人は、起業0年目から考えるより動く

「起業する前に、事業計画を立てたほうがいい」とよく言われますよね。

そう教える起業塾も多いですし、起業関係のサイトを見ていると、たいていはそう書いてあります。

しかし、私としては「事業計画を練っているぐらいなら、ココナラをやってみましょう」、この一言に尽きます。

ココナラでなくても、ストアカでもクラウドワークスでも、ウーバーイーツの配達員でもいいのですが、とにかく「自分の力で一から稼ぐ」という体験をしてみるほうが、事業計画を練っているより、はるかに大事です。

「いやいや、今、働いてるし！」と思うかもしれませんが、どこかの企業に属している限り、「自分の力で一から」稼いでいるわけではありません。

企業に属していると、企業が働く場を用意してくれて、仕事も割り振ってくれます。スキルアップもモチベーションアップもしてくれるし、働きに応じて評価もしてくれます。そのうえ、何かトラブルが起きたときは、企業が責任を負ってくれるのです。始末書を書いたり、降格・降給処分になったりしたとしても、よほどのことがない限り、クビになったりしないでしょう。それは企業に守ってもらっている証拠です。

社会人になってから、私たちはその環境が普通だと思うようになっています。

しかし、起業するとそれらの恩恵がゼロになります。

仕事は自分で見つけないといけませんし、誰も働く場をつくってくれませんし、自力でスキルもモチベーションもアップしないといけません。トラブルが起きたら、すべて自分の力で何とかしなくてはならなくなります。

何もかもがゼロになった状態を体験するために、一日でも早く「お試し起業」をしてみるのをおススメします。

そもそも事業計画が必要なのは、金融機関に融資を受けるときやベンチャーキャピタル（ベンチャー企業を支援する投資会社）に投資してもらいたいときです。

そういう王道の起業を目指している方には、ここまでのお話はあまり役に立たないかもしれません。

なぜなら、資金を借りて始める場合は会社を設立する必要がありますし、どのような事業をするのかも、しっかりと定めなくてはならないからです。

ただ、そういう王道の起業を目指している方も、やはり「お試し起業」をしてみたほうがいいのではないか、と思います。

自分の力で一から稼ぐのは、想像以上に大変だからです。

特許を取れるような革新的なアイデアがあるのなら話は別ですが、何年もかけて練り上げた事業であっても、計画通りにうまくいくことはほぼないでしょう。

「3年後には年商○億円！」なんて、宝くじが当たる確率よりも低いかもしれません。

だから、事業計画を練るのに時間をかけるより、リアルでビジネスのノウハウをつかむほうが、よほど起業を成功に導ける確率が高くなると思います。

「トラブルが起きたら、こうやって解決すればいいんだ」「お客様にはこんなことをすれば喜んでもらえるんだ」というリアルな体験は、王道の起業をする際も必ず役に立ちます。

もし、その段階で「自分には起業は向いていないな」と感じたらやめればいいだけです。あるいは、「もっと社会人としての経験が必要だ」など、課題が見つかるかもしれません。

とにかく、ざっくりと「こういうことをやりたいな」と希望を書き出したりするのならいいですが、綿密な計画を立てるより、即行動が大事です。

私自身、起業前に何も計画を立てていませんし、起業してからも事業計画は立てていません。その時間があるなら、1件でも多くの案件を引き受けたほうが自分の未来のビジネスにつながります。

チェックポイント

事業計画が一番大切？
100の計画より一つの実践。

起業で成功する人は、

起業0年目からお仕事リサーチする

幼いころ、親へのプレゼントで「肩たたき券」「お手伝い券」をつくった経験がある方は多いでしょうが、よくよく考えてみると、それは起業の一歩です。自分のスキルを売ろうとしているのですから。

その「お手伝い券」がビジネスになると家事代行サービスになります。

起業をするにあたって「何か資格を取ろう」と考えているなら、その必要はありません。どうしてもやりたいビジネスがあって、それには資格が必要なら取るべきですが、そうでないなら資格ゼロでも全然問題ないと断言します。

起業をあまり特別視しないで、まずは現実にどのようなビジネスがあるのかを調べてみましょう。

といっても、求人サイトで「専門職は給料が高いな」「年齢的に、この仕事は厳しそうだな」と調べるのではなく、ココナラやストアカ、クラウドワークスなど、仕事を発注したい人と受けたい人のマッチングサイトをリサーチしてみると、面白いことがわかります。

それは、「世の中のあらゆることがビジネスになる」という事実です。

動画をつくる、プレゼン資料をつくる、経理の業務を請け負うなどの仕事があるのは、皆さんも予測がつくでしょう。

たとえばココナラでは、「紙・PDF・画像データをテキスト化します」「営業メールと営業リストを作成します」「食品表示のラベルの作成をします」「都内のいいレストランを紹介します」「宴会芸を教えます」というビジネスがあります。

「そんな地味な作業でビジネスになるの？」と驚くかもしれませんが、実際にそのビジネスで何件も受注して稼いでいる方はいます。

ほかにも、ゴルフボールダイバー（ゴルフ場にある池の中のロストボールを回収する仕事）のなり方を教えることをビジネスにしている人や、米国のEIN（雇用者識別番号）取得を代行する人などもいます。

それを見ていたら、ビジネスのイメージが変わるのではないでしょうか。

すでにある仕事だけをビジネスと言うのではなく、ビジネスは自分で自由につくっていいのだとわかってくると思います。

それを理解すれば、おのずと自分に何ができるのかを考えるようになるでしょう。

知り合いに会社を経営している人がいれば、「何か手伝えることはありませんか？」と聞いてみるのもアリです。

もし「データの入力を手伝って」と言われたら、それがビジネスになるのだとわかります。そのスキルをココナラなどで販売してみたら、依頼があるかもしれません。

私の起業塾でも「事務職しか経験していないので、何をしたらいいのかわかりません」という方が何名かいますが、ココナラでは事務代行をビジネスにしている人もいますし、オンライン秘書のように管理する仕事も向いているでしょう。

とにかく働いた経験があるなら、そこから何かしらスキルを導き出せるので、まずは今の仕事の延長線上で探してみましょう。

ただ、今はChatGPTを使って資料をあっという間に作成できますし、誰でも動画をつくれるサービスも充実しているので、今までやったことのない仕事にチャレンジしてみてもいいと思います。

もちろん、「ChatGPTの使い方を教えます」というスキルもビジネスになります。

今の会社で営業をしている人が、単に「営業の代行をします」と募集するだけでは、なかなか興味を示してもらえなくても、「○○業界の営業をします」と特化すれば、一気に注目を集めるでしょう。

世の中に、一人しかできないことはほとんどありません。自分にもできることはいくらでもあるはずです。そして猫の手も借りたい人は大勢いるものです。

さまざまなジャンルの仕事があるとわかったら、気軽に試してみたくなるのではないでしょうか。

チェックポイント

高いスキルに勝るものはない？

スキルはいらない。猫の手になればいい。

起業で成功する人は、起業0年目の準備期間が長い

私が教えている起業塾では、50代の方も数名いらっしゃいます。

大手企業に勤めていて、役職にも就いている方が、Web広告の副業を始めて月に5万円から10万円ぐらい稼いでいます。

世間的には完全に勝ち組で、「副業なんて必要ないんじゃないの?」と感じますよね。

その方は、「会社を辞めるつもりはない」と話していらっしゃいました。

それでも、今は何が起きるのかわからない時代です。

会社が50代の社員に早期退職を促すのはよく聞く話です。上司との折り合いが悪ければ左遷されるかもしれませんし、今は東芝が上場廃止になるぐらいなので、大企業であっても永遠に安泰ではありません。

もしくは、プライベートで親の介護が必要になったりして、想定外の出費がかさむ可

能性もあります。
何かあったときのための備えとして副業をするのは、今の時代の「転ばぬ先の杖《つえ》」となるわけです。

ただ、起業の醍醐《だいご》味はそれだけではなく、自分の力で一から切り開く楽しさを味わえるところにもあると思います。今まで知らなかった世界に飛び込んだときの喜びや感動は、いくつになっても自分を奮い立たせてくれます。

起業は何歳からでもできます。**けれども、個人的には定年退職後にゼロからスタートするのは、かなりハードルが高いと思います。**

定年退職した人は、確かに経験もスキルも豊富です。

しかし、それだけにそのスキルをココナラなどで安く提供できるだろうか、と疑問がわいてきます。依頼する人は、若い人は頼みやすいけれども、ベテランすぎると躊躇《ちゅうちょ》してしまう気がします。

税理士や法務のような専門分野なら、ベテランの人のほうが安心感はありますが、「3日間で動画をつくってほしい」のような仕事だと、フットワークが軽い若い世代のほうが頼みやすいイメージがあります。

多くの人は、起業するときに「今までの取引先が依頼してくれるに違いない」と希望を抱きますが、実際には〝会社から離れたらただの人〟扱いで、まともにとりあってもらえません。

そうならないためには、もっと早い段階で副業を始めて、経験をたくさん積んでおくのが一番安全で確実だと思います。その分野で月に数十万円稼げるようになっていたら、定年後はそのまま本業にすればいいだけです。

実際に起業すると、1年目からドカンと稼げることはなく、下積み期間があります。

よほど才能がある人なら最初から大きく稼げるかもしれませんが、ほとんどの人は3年ぐらい下積み期間を経験したら、仕事が軌道に乗るようになります。そこからは、一人で起業していても年収2000万円ぐらいは稼げるようになるのです。

若いころは、その下積み期間を乗り越えられても、定年後に3年我慢するのは厳しいのではないでしょうか？

それに、やっと稼げるようになってきたタイミングで体も頭も動かなくなってきたら、年収2000万円どころか1000万円もいかずにフェードアウトしていくかもしれません。年収2000万円稼げるようになったとしても、その期間はごくわずかになります。

だから、今は会社を辞めるつもりはなくても、一日でも早く、副業で備えをしておくことをおススメします。

未来の自分が今の自分に感謝する日が、きっと来ますから。

チェックポイント

起業の楽しみは大成功者だけのもの？
ノーリスクで起業の快感を知ろう。

起業で成功する人は、
起業0年目から何でもやってみる

実は、私は高校と大学では合唱部に入っていました。合唱部に興味を持ったきっかけは、中学のときに音楽の先生から「声がいいね」と何回か言われたことです。声がいいのが自分の才能なら、それを何かに活かしたいと思っていたとき、高校の入学式で合唱部が壇上で校歌を歌う姿を見て、「かっこいいな」と思ったのです。

高校は男子校だったので、合唱部も当然男性だけ。そこで合唱の魅力にすっかりハマり、大学は合唱部のある学校を探して、早稲田に入ったぐらいです。早稲田でも男性だけの合唱サークル（早稲田大学グリークラブ）に入りました。

合唱はＮＨＫや朝日新聞が主催するコンクールもあり、私が入っていたころは東芝ＥＭＩが大学の合唱サークルのＣＤを販売しているほど盛んでした。ちなみに、早稲田の合唱サークルは１００年以上の歴史があり、そこからオペラの世界に行ったＯＢには日本を代表するバス歌手の岡村喬生さんもいますし、男性コーラスグループのボニージャックスもOBです。NHKのアナウンサーも合唱サークル出身が意外と多く、第74回紅白歌合戦で総合司会を担当した高瀬耕造アナウンサーは一つ上の先輩です。

私が在籍していたときは、部員は140名の大所帯でした。男声合唱は4つのパートに分かれていますが、私は一番低いバスです。講義にもほとんど出ずに毎日練習に明け暮れていました。4つのパートでそれぞれ練習をして、一つに合わせたときの、あの感動。自分もこの曲をつくりあげている一部なんだと思うと、鳥肌が立つような思いでした。

その合唱サークルで、大学4年生のときにパートリーダーを務めていたのですが、バスの30人ぐらいをまとめるために、学生なりに試行錯誤をしていました。当然、うまい人もいれば下手な人もいます。曲をなかなか覚えられない人も、すぐに練習をさぼる人もいます。

自分で勝手に練習して学ぶ人は、ある程度はほうっておいて、たまに「最近、頑張ってるね」と声をかけるぐらいで十分ですが、問題は落ちこぼれ気味の人のケアです。「どうせ、俺なんか才能ないし」と半分諦めかけている人を叱咤激励し、個人レッスンにつきあって、「かなり上達したね」と褒めたりして、一定のレベルまで持っていくようにしていました。

今、私は起業を目指す人に講座で教えていますが、合唱サークルでの経験が活きているのではないかと感じています。起業塾でも途中で諦めかける受講生はいますが、「ここまでできるようになったのに、もったいないですよ」と励ましたりしています。

会社に勤めていたときは人前で話すこともほとんどなく、後輩を教えて育てた経験もなく、まわりとのコミュニケーションもそれほどとっていなかったので、合唱サークルでリーダーをした経験が大きいようです。

加えて、「いい声ですね」「声がよく通りますね」と言われることも多いので、合唱サークルの財産は、私のあらゆるところで活きています。

私は自慢話をしたいのではありません。どんな経験もいつ役に立つかわからないと言いたいのです。私自身、自分がセミナー講師をすることになるなんて思ってもみませんでした。

「自分が何をすればいいのかわからない」というのは、起業する際のよくある悩みの一つですが、それなら、いろいろなことをやってみるのをおススメします。

たとえば、ストアカでタイムマネジメントを教える講座や部下とのコミュニケーションの方法を教える講座を開いたり、ココナラでプレゼン資料を作成する仕事を請け負ったり。今の自分ができそうなことを試してみて、そこから「これは自分に向いている」「一番稼げる」と思った仕事を絞り込んでいけばいいのです。

むしろ、最初から「自分はパン屋を開こう!」などと一つだけに絞ってしまうと、そのビジネスがうまくいかなかったときのダメージが大きくなります。毎日、パンをつくっているうちに「趣味にしておいたほうがよかった……」と思うようになるかもしれません。

だから起業0年目は、自分がこの先何年も何十年もできそうなビジネスを見つける期間だと考えて、いろいろな仕事にチャレンジしてみてください。

今はそれを手軽にできる環境が整っているので、自分の可能性を試すチャンスです。

チェックポイント

役に立つ経験、役に立たない経験がある?

どんな経験も宝物。

第2章

ゼロから年収1000万円までの起業ロードマップ

起業で成功する人は、

STEP 1

起業0年目からコツコツ経験を積む

皆さんは、起業したら年収はいくらぐらい稼げると思いますか？

最初は数万円、ゆくゆくは数百万円は稼げるだろうと思うかもしれませんが、うまくいけば1000万円以上稼げることもあります。

私の場合、本業でおつきあいのあった取引先に仕事を集中して任せてもらえたので、起業1年目から2000万円は稼げました。

ただ、その勢いのままでこの先もずっと稼げるのだろうと思っていたら、2年目にその取引先から契約を切られてしまいました。売上は一気に200万円台にまで落ち込み、5年ぐらい2〜300万円で推移していました。

そのどん底の時期に、前述したように怪しいビジネスに手を出してしまったのです……。

そこから這い上がり、年収が再び1000万円を超えたのは、起業11年目でした。そして13年目にして4000万円に達しました。

自分自身の反省から、「いい気にならず、もっと地道にコツコツ積み重ねていったら、ラクに1000万円まで稼げるようになっただろう」と思います。

そこで、この章ではゼロから1000万円まで稼げるようになるまでのステップをご紹介します。

人によって違いますが、早い人なら起業5年目ぐらいで安定的に1000万円は稼げるようになるのではないでしょうか。

たとえ10年かかったとしても焦らないでください。そこから先は、順調に伸びていくはずです。

起業するためのファーストステージですることは、前章でお話ししたように「お試し起業」です。

とにかく月数千円でもいいから稼いでみないことには、お金も経験値も増えません。

私の起業塾に参加したある方は、お試し起業1年目で月10万円を安定して稼げるようになりました。年間で120万円。株などの投資をするより、はるかに安全で確実なリターンを得ているようなものです。

ほかにも、最初の1年は月に数千円だったのが、お試し起業2年目で月40万円を稼げるようになった方もいらっしゃいます。もう少し経ったら、いつ独立しても大丈夫な状況になるでしょう。

このお二人は、前章でご紹介したココナラで副業しました。その利用の仕方のコツさえつかめれば、収入は順調に増やしていけます（その方法は後述します）。

お二人は特別な才能があると言うより、地道に稼いでいくことを厭《いと》わない性格だと言えます。そういう方が、着実に成功にたどり着けるのだと思います。

起業で一番大切なのは、「お客様が来ない」という不安との戦いです。

これを乗り切るには、前述した「根拠のない自信＝自分を信じる力」と、不安や恐怖に対する耐性や忍耐力が必要です。

飲食店でお客様が来ない状況を「ノーゲス（ノー・ゲスト）」と言うそうですが、お客様が来ない時期に何をするかが大事です。

ただボーッと「来ないなあ」と思っているだけでは何も変わりません。自分から営業をかける、ココナラなら出品の仕方を見直すなど、できることはいくらでもあります。

起業0年目に、どれだけ堅実に稼ぐ経験を積み重ねられるかで、次のステップに行けるかどうかが決まります。

自分一人の力で稼げるようになったらやはり嬉《うれ》しいですし、何件も受注できたら手ごたえを感じます。

その達成感を味わうことが、ファーストステップです。

チェックポイント

お客様がいないときに何をする?
ノーゲス・デイを怖れるな。

STEP 2

起業で成功する人は、

起業0年目から改善&値上げを繰り返す

カイゼンで有名なのはトヨタ自動車ですが、大企業に限らず、個人でもカイゼンは大切です。

最初は1件受注するたびに、カイゼンの嵐になるでしょう。

依頼主とのやりとりでうまくいかなかったり、商品の仕上がりに満足してもらえなかったりしたら、次はもっとよくなるように修正していかなくてはなりません。その繰り返しで仕事の精度もレベルも上がっていきます。

今まで1件の仕事に1週間かかっていたのなら、5日で仕上げるようにする。
Web広告の仕事をするなら、制作物の質を上げる。
今までよりお客様とのやりとりを丁寧にする。

そのように少しずつ改善を重ねると、お客様の満足度が上がり、リピーターが増え、新規の依頼も増えていきます。やがて、同業者より自分が選ばれるようになっていくでしょう。

そうなった時点で行うのが、値上げです。

といっても、それまで3000円で引き受けていたのを、いきなり「これからは3万円で！」と爆上げしたら誰も依頼してくれなくなるので、1000円ずつ上げていくのがベストです。

3000円からのスタートだと、すぐに値上げしたくなるかもしれませんが、やはり10件ぐらいはそのままの料金で経験を積んだほうがいいと思います。

そして地道に改善と値上げを繰り返すうちに、仕事のスキルが上がり、経験値も上がるので、起業してやっていけるのではないかという実感がわいてくるようになります。

また、一つのスキルである程度稼げるようになったら、出品するスキルを増やしていってもいいでしょう。

ココナラでは一つだけのスキルを出品している人は少なく、たいていはいくつもスキルを登録しています。

そのうち、「このスキルは稼げる」「このスキルはあまり稼げない」とわかってくるので、本格的に起業するときにどのような仕事にすればいいのか、段々目途《めど》がついてきます。

また、一つのスキルで、あまり受注できなかったのなら、それはニーズがないのだと見切りをつけて、別のスキルでチャレンジしてみてください。

とにかく、お試し起業なので、失敗してもまったく問題ありません。

いろいろとチャレンジしてみて、自分なりの起業の勝ちパターンを見つけましょう。

チェックポイント

カイゼンと値上げは別物?

カイゼンと値上げは成功の両輪。

STEP 3

起業で成功する人は、起業0年目から限界まで受注を増やす

「限界まで」なんて、いきなり根性論的な表現ですが、これは重要なポイントです。

ステップ1、2と進んできたら、かなり経験を積んでいます。

その段階で、「これ以上、仕事を引き受けたら倒れるな」というぐらいに受注してみると、飛躍的にスキルがアップします。

野球にたとえるなら、ステップ1はジョギングや筋トレなどで筋肉をつくっている段階、ステップ2は素振りやピッチングで基礎力を高めていく段階です。

ステップ3で実戦に出たら、数をこなさないと「試合勘」は身に付きません。

「量稽古」という言葉もあるように、とにかく数をこなすことで仕事は速くなり、仕事の質も向上していきます。そうすれば、さらに仕事の依頼が増えるという好循環が生ま

れます。

やはり、いつまでも仕事が少ないと経験を積めず、スキルが伸び悩むものです。経験が少ないと仕事が増えず、単価も上げられないので、ずっと低迷したままになります。

だから、この段階で量をこなすのが、年収1000万円を実現できるかどうかの分岐点だと考えてください。

「ムリのないペースで仕事を増やしていきたい」と考えている方がいるとしたら、残念ながら、起業してやっていくのにはちょっと甘いかもしれない、と私は思います。

起業したら、ムリをする必要がどうしても出てきます。

たとえば、「この動画を3日間で制作してほしい」という依頼が来たとします。

「それだと3日間徹夜しなきゃいけなくなるからムリだな」と断ったら、依頼者は別の人にお願いするだけです。しかも、その依頼者は二度と依頼してこないかもしれません。

本業が多忙で作業できないのならともかくとして、徹夜すれば乗り切れるのなら、引き受けたほうがいいと思います。その後で、好きなだけ眠ればいいのですから（笑）。

よほどの大御所や、ほかに競合がいないビジネスなら、相手は3日以上かかっても待ってくれますし、「今回は残念ですが、またの機会に」となったとしても、次回も依頼してくれるでしょう。

しかし、起業してまだ間もない人には、「次の機会」がめぐってくるかどうかはわかりません。世の中に競合は大勢います。だから、今ムリをしてでも、仕事の依頼が来たら逃さないほうがいいのです。

プロとアマチュアの違いは制約のキツさです。

プロは時間や労力、コスト、質の高さなど、あらゆる面で制約を受けるので自由度はそれほど高くありません。アマチュアはそれらの制約がないので、自由度は高くなります。ココナラなどで出品し、お金を受け取るからにはプロフェッショナルです。厳しい制約の中でいかにいい仕事をするのかをプロは求められます。その制約の中で壁を乗り越えるには熟練するしかないので、多くの時間を費やして大量の仕事をこなすしかありません。

心配しなくても、この先何十年も仕事をパンパンに詰め込まないといけない状況が続くわけではありません。

ある程度、固定客がついて、その分野での地位を確立したら、料金を高めに設定できます。そうすれば依頼が減っても売上は増えるので、仕事のペースを落としても問題ないでしょう。

今、私がWeb広告の仕事をする時間は一日に1~3時間ぐらいで、睡眠を9時間取り、日中は妻とゴルフに行くこともあります。そういうサイクルを回せるようになったのは、ここ5年の話。それまでは仕事に追われる日々を送っていました。

ビル・ゲイツ氏もMicrosoftができて間もないころは、会社に寝泊まりして仕事に明け暮れていたという話を聞いたことがあります。それは起業家の宿命のようなもので、ムリして頑張った期間が、後の成功を呼び寄せるのです。

チェックポイント

働きすぎはお肌に悪い？

起業0年目の苦労は何倍にもなって戻ってくる。

STEP 4

起業で成功する人は、起業0年目から情報発信をする

今はFacebookやInstagram、X、noteやYouTubeなど、情報発信のためのツールはたくさんあります。

ステップ3で仕事を安定して受注できるようになってきたら、情報発信にチャレンジしてみてください。

「情報発信と言っても、何を書いたらいいのかわからない」という方は、ステップ3まで仕事をそれなりに受注しているので、依頼者からいろいろな質問を受けているはずです。難しく考えず、それをそのままSNSで伝えればいいだけです。

たとえば、「広告の効果はどのように測定するのか？」「毎月、広告を変えたほうがいいのか？」のような質問があったのなら、それに対するアンサーをSNSで発信します。

そうすれば、同じ疑問を抱いている人が興味を持ち、新たな依頼につながりやすくなります。

今は商品がいいだけで売れる時代ではなく、売っている人の〝人となり〟が影響すると言われています。

ですので、SNSでも「好感度」は大事です。

自分のビジネスのPRばかりしていたら、却《かえ》って怪しく思われてしまうので、たまに人となりを感じさせるような投稿をすると親近感を抱いてもらえます。

私は黙っていると怖い人だと思われてしまう顔立ちなので（苦笑）、旅行先で顔を入れて撮影する穴あきのパネルが置いてあると、必ず顔を入れて撮ってもらい、SNSにアップします。すると、「こんな面白いことをする人なんだな」と思ってもらえて、女性も起業塾に参加しやすくなる効果があるのです。

また、私は大のたまご好きで一日に10個食べていると公言しているのですが、出張先で見つけたたまごサンドや、本日食べたたまご料理などを写真入りで公開しています。毎日投稿すると、さすがにドン引きされそうですが、たまに投稿すると、「また倉林さんがたまごを食べている」と面白がってもらえます。たまごが写っていない料理の写真を公開すると、「たまごがない！」とツッコまれるくらい、楽しみにしている友人たちもいます（笑）。

旅行に行って楽しかったなら、その経験をSNSでシェアする、ハマっている趣味についての語るなど、自分の素顔が伝わる投稿を時折すると、好感度がアップするでしょう。

メルマガで情報発信するのもアリですが、最初はハードルが高いかもしれません。

メルマガはある程度文字数がいかないと読者に満足してもらえないので、SNSで情報発信してそれなりに読者がついて、材料が集まったらチャレンジしてみたらいいのではないでしょうか。

以前は自分（自社）のホームページをつくってブログを書いて情報発信するのが一般的でしたが、今はSNS経由で仕事を依頼してくる人も多いので、ホームページにそれほど重きを置く必要はないと思います。お金をかけて凝ったデザインのホームページをつくる人もいますが、無料のホームページサービスを使って、必要最小限の情報を掲載しておけば十分です。

ＳＮＳで発信を続けていると、いずれその分野の専門家として認識してもらえるようになります。

人気が出てから情報発信をするのではなく、起業0年目から続けていくうちに多くの人の目に留まるようになり、自分の存在が世の中に知られていくのです。

専門家として認識してもらえば、さらに依頼が増えるので、やはり情報発信は欠かさないほうがいいと思います。

チェックポイント

ネットでのプロモーションや宣伝は事業が軌道に乗ってから？

情報発信は起業前から始めよう。

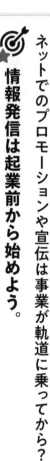

STEP 5

起業で成功する人は、起業3年目から教材や電子書籍をつくる

ステップ4を実践して順調に依頼が増えてきたら、そろそろ「仕事を受注して納品して終わり」というサイクルから抜け出すタイミングです。

といっても、仕事の量をゼロにするというわけではなく、仕事の量を抑えて次の商品づくりに目を向けましょう。

そのために、教材をつくって「今までの自分の経験を人に教える」というステップに移ります。

教材とは小冊子や動画のこと。

今は「セミナーをする気はないんだけど」「人に教える気はない」と思っているとして

も、その教材が、いつどのように役立つかわからないので、つくっておくことをおススメします。

昔は、起業してマスコミや出版で有名になり、その後に講演やセミナーで教えるという順番でした。

今は、成功していなくても講演やセミナーをするのは可能です。むしろネットで成功したら、それを本業にすることもあり得ます。

今は小冊子もオンデマンド出版で数冊という単位でつくれるので、お金もそれほどかかりません。

ただ、原稿やカバーなどのデータは自分で用意することになります。そのデータを利用してAmazonのKindleで電子書籍をつくって販売すれば、一石二鳥です。

電子書籍や教材は、基本的には自分がやってきたことを伝えるものにします。

たとえば、私の場合は起業してからどん底に落ちていた時期が5年間もあるので、そこからどのようにV字回復したのかをセミナーでもよく聞かれます。

実際に起業や副業をしてみると低迷する時期は必ずと言っていいほど訪れるので、そこからどのように抜け出すのかは、誰もが関心のある話題です。

そこで、自分はどのようにV字回復をしたのか、その時期は何を考えていたのかを小冊子にしたら、「勇気をもらいました！」という感想をいただけました。

そのように、めったにできない体験をした場合は、それが十分教材になります。顧客にクレーマーが多いのなら、「クレームの対処法」も教材にできるでしょう。


本業での経験も教材にできます。

部下に教える立場にいる人は、社員教育やチームのつくり方、企業の理念やポリシーの共有など、人に教えられる業務はいくらでもあります。それらのノウハウを知りたい人は世の中に大勢いるはずです。


もしくは、自分の売れている商品のノウハウを紹介するのも教材になります。

たとえば私なら、Web広告に使うための画像のつくり方、キャッチコピーのつくり方、広告の出し方など。それらのノウハウを初心者向けに教える教材にします。

このときのポイントは、一度にすべてをまとめて紹介するのではなく、一つのスキルごとに教材をつくること。画像のつくり方なら、それだけで教材にします。

つまり、自分のスキルを分解して売り物にするということです。


基本的に、どんな仕事でも分解できます。

専門家が無意識にこなすことも、初心者から見ると「どうやったらできるの？」と思うようなことだらけです。

たとえば事務作業でエクセルを使うとき、関数を使うと効率よく計算できますが、エクセル初心者は何をどうすればいいのかさっぱりわかりません。「そもそも、エクセル関数って何？」という人もいるでしょう。

だから、「エクセルのＳＵＭ関数は数値の合計値を求めるもので、ＩＦ関数は条件を設定して表記を分けるものです。そういった代表的な7個の関数を覚えましょう」と教えるだけで、助かる人がいます。

そのように、どんな小さなスキルでも売り物にできるのだと覚えておいてください。

小冊子や動画は、取引先に配ってもいいですし、将来セミナーを開くのなら特典としてつける方法もあります。

有料で売る場合は、小冊子は送料込みで1000円ぐらい、動画なら30分で3000円ぐらいにすると、興味を示した人が購入しやすくなります。電子書籍はもっと低い料金でもいいかもしれません。

教材や電子書籍は利益を得るためのものではなく、何かの特典にしたり、買ってくれた人を顧客にしたりするためのツールなので、これらは儲け度外視でつくるものだと考えてください。

ホームページにそういったコンテンツを並べておくと、「こういうことができる人なんだな」と判断基準にしてもらえるので、依頼につながりやすくなります。

チェックポイント

本やセミナーは事業が成功してから？
自己プロデュースと成功は関係ない。

STEP 6

起業で成功する人は、起業3年目から高額商品をつくる

その分野での地位をある程度確立した、あるいはセミナー教材や電子書籍が一定数売れたなど、順調にビジネスが成長する段階になったら、高額の商品をつくりましょう。**これはステップ5の小冊子や動画とは別に、コンサルティング業、講座をつくるという意味です。料金は1本10万円からが目安です。**

ここまでの経験で培ったことが、すべて商品のテーマや材料になります。ベテランと言える領域に入っているので、語れることは多く、多くの人が知りたいと思うノウハウも持っているので、高額の料金でも求める人が大勢いるでしょう。ステップ5で自分をプロデュースする力を磨いていけば、人気の講座をつくるのも夢ではありません。

ありがちなのは、まだ経験も何もない段階で、高額商品をつくって売り物にすること。

起業して1、2年は、まだ初心者です。

その段階で懸命に「トップセールスの営業の極意を教えます」と教材を売っても、起業して間もない人から高額で商品を買いたい人はほとんどいません。


仮に、高額の商品を買ってくれる人がいたとします。

しかし、その料金に見合ったノウハウを提供できるでしょうか?

セミナーを開いて、受講者から質問があってもうまく答えられなかったら、あっという間に評価は低くなります。

「高額の割にはありきたりなノウハウしかない。返金してほしい」とクレームがつく可能性もあります。低料金なら「安いからこんなもんか」と思われるだけかもしれませんが、高額の料金を出して黙っている人は少ないでしょう。

今はSNSでそういう噂はあっという間に広まるので、悪評が立ったら、そのビジネスをやっていくのは難しくなります。

だから目先の利益に飛びつくのではなく、まずは実績づくりから。

引き出しがない状態で無理に高額商品をつくるよりも、引き出しを増やすほうが先決です。

経験を積めば、どのようなノウハウを提供すればいいのかも、世の中の人が何を求めているのかもおのずとわかってきます。

それぐらい引き出しが増えたら、高額商品で勝負できます。

高額商品を出すタイミングは、お客様から「もっと高い商品はありませんか」「自分にアドバイスしてくれませんか」「セミナーはやっていないんですか」のように求められたときです。

自分のタイミングではなく、「相手から求められたら」というのがポイント。

安い商品で物足りなくなったら、「高額ならもっと貴重な情報を教えてもらえるかもしれない」などと相手が期待してくれます。

その段階になったら集客で困ることはないので、高額商品を定番商品にできます。

逆に、誰にも聞かれなかったら時期尚早《しょうそう》だということです。

その場合は、ステップ4でつまずいている可能性があります。

情報発信をしていなかったり、発信の仕方がうまくいっていなかったりすると世の中に認知してもらえないので、高額商品を求められないのです。

そういう人は、積極的にFacebookやInstagramなどで情報発信して、自分はある分野で専門家なのだと世の中に知ってもらえれば、高額商品を求められるようになります。


そして、せっかくつくった高額商品は、継続して売るのが理想です。

そのためには、買ってくれた方へのアフターフォローを忘れないように。

セミナーを開いたのなら、参加者へ「セミナーが終わってからも、何かあったらいつでも相談してください」と伝えておいて、連絡が来たら必ず返答するようにします。

同じ参加者から何度も問い合わせがあると、「有料で教えたいぐらいだな」と思ったりしますが、最初は割に合わないぐらいにやったほうがいいと思います。


とくにセミナーは1〜3期のお客様が大事です。

そこで満足してもらえたら口コミで評判が広がり、自然と顧客が増えていきます。

また、参加者がその後どうなったのかは「ビフォーアフター」の実例になります。

私の場合は、起業塾の参加者が起業できたら、それを自分の実績にできます。
それを公表すればさらに参加者を集められるという、いいスパイラルが生まれれば、年収もどんどんアップしていくでしょう。

チェックポイント

名前が売れたら、すぐに高額商品を出す？
依頼が来るまで待とう高額商品。

STEP 7

起業で成功する人は、起業1年目以降も絶対に成長を止めない

起業には定年はなく、自分が仕事をしたいと思っている限り、何歳でも続けられます。

しかし、起業して何年経っても忘れてはならないのが、自分の成長を止めないこと。

成長が止まった段階で、ビジネスの衰退は始まります。いずれ顧客は離れて、せっかく年収1000万円まで稼げるようになっても、みるみる減っていくでしょう。

そうならないために、次のような点に留意してください。

1. 値上げ

起業して毎年のように売上が右肩上がりになった段階で考えたほうがいいのは、やはり値上げです。

ステップ2でも改善と値上げを繰り返すのが大事だとお話ししましたが、この段階ではもっと本格的な値上げが必要です。同じ商品であっても、スキルが向上し、経験値が上がったなら、それに合わせて料金が上がっていくのは自然な流れです。

数万円、あるいは10万円ぐらい料金をアップしてもいいのがこのステップです。

ただ、新規のお客様には値上げ後の料金で受注すればいいのですが、悩むのは既存のお客様。

「来月から、このサービスは値上げします」とは言いづらいですよね。

その場合、「半年後に値上げさせていただきます」と時間に余裕を持って伝えると、自分も告知するハードルが下がりますし、相手も心の準備ができます。値上げに踏み切る代わりにサービスをもっと向上させて、「これだけのサポートをするので、ご満足いただけると思います」と伝えれば、相手も納得してくれるでしょう。

もしくは、既存の顧客は料金据え置きでもいいかもしれません。

いずれにせよ、お客様の要望を取り入れながら改善し、それに合わせて値上げをしていけば、商品はずっとバージョンアップを続けられます。そうすれば、途切れることなく顧客を獲得できるでしょう。

2. 初心を忘れない

経験を積めば積むほど、失敗も増えていきます。

気を付けたほうがいいのは、経験を積んで気がゆるんでくると、大きな「やらかし」をしがちになるという点です。

これは私の失敗談ですが、Web広告の仕事が軌道に乗ったころ、「Facebookでこのくらい広告費を使ったら、昨日はこの層にこれぐらい閲覧された」というレポートを毎日作成してクライアントに送っていました。

最初は手作業で集計を出してまとめていたのですが、一つの案件で15分ぐらいかかり、何件も作成していると数時間かかりました。数字にミスがあったら大変なので、確認作業にも神経を使うため疲れきってしまい、あるとき、1週間ぐらい作業をさぼったことがありました。

すると、あるクライアントが激怒して、契約を打ち切られてしまったのです。広告の効果を報告するのも業務の一つなので、当然と言えば当然ですが……。

その経験で猛省し、元システムエンジニアである強みを活かして、毎朝6時にレポートを自動で送る仕組みをつくりました。

3．生産性を上げる

自分の作業を効率化しつつ、クライアントへのサービスも向上させれば、生産性が上がるのは言うまでもありません。たとえば、お客様からよく来る質問や相談への回答を、動画やＰＤＦファイルなどにしておくのも効率化の一つ。

「このご質問に関する回答は、こちらをご覧になってください」と相手に渡せば、１件ずつコメントを打ち込んでいく作業を減らせます。

そして生まれた時間で新しいビジネスを始めれば、さらに売上が増えます。

その段階にたどり着くまで時間はかかりますが、途中で諦めたり、順番を間違えたりしなければ、誰でも年収１０００万円を超えて、３０００万円ぐらいは稼げるようになるのではないかと思います。

チェックポイント

現状維持で満足？

成長が止まった段階で衰退が始まる。

第3章

会社にいるうちにやること

起業で成功する人は、
起業0年目から毎日0・1歩でも進む

当たり前ですが、起業で成功するには、まず起業しなくてはなりません。

しかし、実際に起業するところまでたどり着ける人はそれほど多くないようです。

起業したいと思って私の起業塾に来る方でも、「本業が忙しくなったから」などの理由で半数くらいの人が途中で挫折してしまいます。

すごく頑張る人が約２割、こちらから声をかければ動く人が約３割です。起業塾はＺｏｏｍでメインの講座を土曜日に５時間、平日の夜に１、２時間の補講があり、その間は自由に出入りしてもらっていいことになっているのですが、段々と発言が減って、欠席が目立つようになると大体脱落してしまいます。

初志を貫徹するのはそれほど簡単ではないのです。

起業までたどり着くためには、特別な方法などいりません。大事なのは「毎日」、そして「少しずつ」進むことです。毎日、少しずつでも起業のための準備をすれば、時間はかかっても必ず起業にたどり着けます。イメージとしては一日一歩です。もしも一歩進むのが難しいときは0・1歩でも構いません。

そのために、一番簡単で確実な方法は、会社に勤めているうちから毎日起業のための時間を確保することです。

「起業して頑張るぞ」と意気込んでいるときほど、まとまった時間をつくろうとしてしまいます。土日に集中して起業のための勉強をしよう、という具合に。

しかし、起業で成功するまでは長期戦なので、あまり飛ばしすぎると最初の1か月ぐらいしかもたないかもしれません。「今週は疲れているから、来週やろう」のように、段々ペースダウンしていくのがオチです。

ですので、起業のために確保する時間は毎日15分くらいで十分です。この習慣があるかないかで、結果はかなり違ってきます。まずは15分だけ、もっと短く5分でもOKです。最初のうちは、たとえばココナラのほかの人のページをザーッと見て分析するだけでもいいと思います。

ココナラに載せる内容を考える、1件でも受注するなど、お試し起業に直結するようなことに時間を使うと、少しずつでも前進できます。実際には15分だけと思っていても結果的に1時間くらいになってしまうことはよくありますが、それは問題ありません。

15分の時間をつくるために、私は一日の時間割をつくって可視化しています。

私が使うのはGoogleカレンダーです。クライアントとの打ち合わせ、一人でやる作業、移動などの大まかな時間割を書き込みます。

たいてい、打ち合わせや会議の時間はスケジュールに入れますが、移動の時間までは入れないのではないでしょうか。移動時間を入れていないと予定がスカスカで暇そうに見えてしまい、予定を詰め込んで結果的に時間が足りなくなってしまったりするものです。

ほかにも、すぐに終わることは書かないのですが、30分程度かかるものは仕事以外でも、「ニトリで買い物」のような項目も書き込むようにします。

こうして時間割をつくってみると「時間って意外と少ないんだな」ということが目に見えるようになります。そこで、やることをちょっとセーブしよう、移動時間に仕事をしよう、時間がかかる作業を優先させよう、などと時間の配分を考えます。そうすれば起業のための時間を確保するのも容易になります。

できれば、あらかじめ15分をスケジュールに入れておくと、継続しやすくなるでしょう。朝15分でも夜15分でも、自分がやりやすい時間帯で構いません。「時間ができたときにやろう」と思っていたら、「今日は時間がなかったな」で終わるのは目に見えているので、毎日時間を決めておくとそれに合わせてほかの予定を調整するようになります。

「起業するなら、すぐに結果を出したい」「毎日0・1歩では時間がかかりすぎる」と思うかもしれませんが、一足飛びに成功するのはかなりのレアケースです。

コツコツと着実に積み重ねて前進すれば、少しずつでも状況は変わっていきます。

大切なのは、たとえ小さくても歩みを止めず、努力を続けて前に進むことです。

チェックポイント

「起業する夢」だけを見ていませんか？

今日の0・1歩が未来につながる。

起業で成功する人は、起業0年目から堂々と定時退社する

「タイム・イズ・マネー（時は金なり）」という言葉は皆さんご存知だと思いますが、その意味は起業家と会社員とでは180度違います。

会社員なら作業が遅れると残業になる分、残業代を稼げます。

私も、システムエンジニア時代はあえて1時間くらい多く仕事をして、残業代を稼いだりしていました。しかも、定時で上がるより、残業するほうが仕事熱心だと思われる風潮もありました。

しかし、起業するとタイムカードはなくなります。

どれだけ作業に時間をかけても、売上が増えるわけではありません。反対に短時間で作業を終えられたら、もう1件受注できて、その分売上が増えます。

つまり、会社員は長時間働くほうがお金になるけれども、起業したら短時間で仕事を

終わらせるほうがお金になるということです。

したがって、起業したら生産性を上げられるかどうかが成否に関わってきます。

起業しようと考えているなら、会社員のうちから、とにかく効率よく仕事をするマインドを持つことが大切です。

その第一歩として、なるべく定時に退社する。難しければ普段より1時間早く帰るようにしましょう。

「仕事が多いから残業しているんだ」と思っていたとしても、工夫をすれば1時間くらい減らせます。

工夫力が起業家の生命線です。

たとえば資料作成に時間がかかっているなら、あらかじめテンプレートを用意する、一から資料をつくるのではなくChatGPTを使う、などの工夫で作業時間は短縮できます。あるいは、「この作業は30分で終わらせる」のように自分で制限時間をつくるだけでも、作業は速くなります。

定時に退社すれば副業の時間をつくれるので、着々と起業に向けて準備を整えられます。

2023年12月に発表されたOECDデータに基づく日本の労働生産性（就業1時間当たりの付加価値）は、52・3ドル。OECD38カ国中30位は前年より2ランクダウンで、1970年以降最低順位でした。

日本人一人当たりの労働生産性も38カ国中31位で、こちらも1970年以降最低順位という結果になっています。

外国と比較して日本の生産性が低いのは、長時間労働や非効率的な働き方が原因だと言われています。

会社員時代の自分を振り返っても、本当は早く終わらせられる仕事でも、ダラダラと残業していたことが多々ありました。自分だけではなく、まわりもそんな感じで残業していると、定時で上がれるように仕事をしようという気はなくなります。

そのマインドのまま起業したら、間違いなく後悔します。

私自身が起業して痛感したのが、当たり前ですが誰も叱ってくれないということです。

会社を辞めて、起業してから生産性を上げようと思っても、深夜でも作業できる環境になるとなかなかできないものです。

スケジュールや仕事を管理してくれる人がいないので、ダラダラし放題。最初のうちは誰にも管理・監督されていない解放感が楽しくても、段々仕事が間に合わなくなって、「ヤバいな」と焦るようになります。

人は危機的な状況にならないと変われないものですが、起業してから苦労しないためには、会社員のうちから生産性を上げる習慣を付けておくことです。

生産性が上がれば、副業でも効率よく仕事をできるようになるので一石二鳥です。

起業したら、さまざまなトラブルも自分で対処し、解決策を実行しなくてはなりません。まわりから白い目で見られても、「自分はやるべき仕事はやった」と堂々と定時で帰れるぐらいのメンタルでないと、一人ではやっていけません。

チェックポイント

いつも人目を気にしている？

一人だけ定時退社は生産性とメンタルを向上させるトレーニング。

起業で成功する人は、起業0年目から本業でも手を抜かない

これは私の苦い経験からのアドバイスです。

私は、起業しようと思った瞬間に会社に行くのが苦痛になり、体調が悪くなって休むことも増えました。

すると暇そうなプロジェクトに飛ばされてしまい、自分で勝手に思っただけかもしれませんが、お荷物になってしまったと感じるようになりました。

「ああ、自分はダメなんだ」「みんなの足を引っ張っているんだ」とストレスがどんどん溜まり、さらに会社に行くのがツラくなるという悪循環に陥り、起業の準備もあまり進まなかった気がします。

普通、会社を辞めるときは送別会を開いてくれますが、私のときは同じ班にいた3人だけで労《ねぎら》ってくれて、上司は来てくれませんでした。

「辞めるからいいか」という思いと、「7年半も働いたのに寂しいな」という思いとが交錯して、スッキリと辞められなかったのは今でもちょっとしたしこりになっています。

ですので、皆さん、本業をしっかりやりましょう、と文字を太字にしてお伝えします(笑)。

今の仕事をこなしつつ、時間をつくって副業もする。二足のわらじをしっかり履くイメージです。

会社の仕事をきっちりやっておくとストレスが生まれないので、起業の準備にも集中できると思います。

また、本業を疎《おろそ》かにすると、自分の評価や給料が下がる以外に、まわりの人にも影響を与えてしまいます。

会社に勤めながら副業していたとき、自分の作業が遅れたりミスをしたりするたびに、仕事を依頼してくれた会社に迷惑をかけていました。会社では上司や同僚がフォローしてくれますが、組織の歯車ではなくなったとたん、自分の行動一つがどれだけ仕事全体に影響を与えるのかが見えてきたのです。

会社は嫌いでしたが仕事は嫌いではなかったので、仕事への真剣度は上がりました。もっと早くその視点を持てていれば、最後まで気持ちよく会社に貢献できたかもしれません。

そもそも、会社員として実績をつくれない人は、起業したからといって実績をあげることはできないでしょう。そういう意味でも、本業は多くの学びを提供してくれる場です。

私の知人に、いったん起業してから会社員に戻った方がいます。

その方は会社員のときからいくつかの起業塾に行っていて、私より知識もスキルもありました。その後、ご自身でプロデュースして起業塾を開いて生徒も集まっていたので、大成功だなと思っていました。確か3か月で30〜50万円くらいの高額の講座だったと思います。

ところが、その起業塾を続けられなかったのです。

起業塾は定期的に開催しないと、1回大きな売上があっても翌月はゼロになることもあり、そのアップダウンが激しすぎるのが苦痛だったようです。私から見ると「もったいない」の一言ですが、結局、本人のメンタルが耐えられなくなって会社に戻りました。
最初の1回はみんなが応援してくれるので商品やサービスが売れても、その顧客をきちんとサポートしないと2回目以降は続かないものです。1回売れたことで満足して、その次のことを考えないと、あっという間に顧客は離れていきます。

その方のように、もしうまくいかなくて会社に戻るとしても、円満に退職していればスムーズに受け入れてもらえるでしょう。関連会社に入ったとしても気まずい思いをしなくて済むと思います。

本業で手を抜かずに今の会社といい関係を保つことは、最大のリスクヘッジになるのです。

チェックポイント

今の仕事、うまくいっていますか？

今の仕事の問題は起業後も必ず起こる問題。

起業で成功する人は、
起業0年目からメンターをつくっておく

Apple の創業者スティーブ・ジョブズ氏はFacebook（現Meta）の創業者マーク・ザッカーバーグ氏のメンターだったと自伝に書いています。ザッカーバーグ氏はジョブズ氏が亡くなったときに「メンターでいてくれてありがとう」とFacebookに書き込みました。

そのジョブズ氏には、毎週一度は会って交流していたビル・キャンベル氏というメンターがいたことが知られています。ビル・キャンベル氏はアメフトのコーチ出身です。ジョブズ氏以外にもGoogleの元会長兼CEOのエリック・シュミット氏、Google創業者のラリー・ペイジ氏とセルゲイ・ブリン氏、FacebookのCOOシェリル・サンドバーグ氏など、シリコンバレーの名だたる経営者たちを独自のコーチ手法で成功に導きました。

「すべての人にコーチは必要です。私たちにはフィードバックしてくれる人が必要なのです。私たちはフィードバックを受けることで成長するのです」

Microsoftの創業者ビル・ゲイツ氏も講演会でそう話しています。

ビル・ゲイツ氏の受け売りのようですが、シリコンバレーの起業家だけでなく、すべての人には何か困ったとき、人生で迷ったときに相談できるメンターが必要です。

起業したら、会社で常に誰かがまわりにいた環境から、ポツンと一人になってしまいます。毎日一人で作業をし、悩み、決断するのは想像以上の孤独感に苛《さいな》まれます。

ですので、年下でも年上でもいいと思いますが、会社の中で何でも話せる人がいると、起業してからも相談に乗ってもらえる心強い味方になるかもしれません。社内にいない場合は、社外で探しましょう。

私の場合は、会社の元上司で、私より1年くらい前に会社を辞めて独立していた方がメンターと呼べる存在でした。とても仕事ができて、バランス感覚もあり、人として尊敬できることに加えて、システム開発というITの分野で独立されているので、私にとってはロールモデル的な存在と言えます。

まだ会社員だったときに「この人すげえな」と思い、私からよく話しかけていたのが交流の始まりでした。大学生まで読書嫌いだった私が本を読み始めたのも、元上司の影響です。

仕事に対する考え方や「こうしたほうがいいよ」などのアドバイスをもらえたおかげで致命的な失敗はしなかったかなと思っています。起業したばかりのときに、やってはいけないことを教えてもらえたのも大きかったと思います。

前述したように、起業して収入が増えたころに派手にお金を使っていたら、あっという間になくなってしまいました。そのころは散財することでストレスを発散していたのです。それを見ていた元上司から、「君の買い物の仕方はちょっと破滅的だよ。そういうのやめなさいよ」と言われてブレーキがかかりました。その後、結局5年間どん底に陥りましたが、元上司に苦言を呈されなかったら破産していたかもしれません。

メンターを持つことのメリットは、

- 精神的な支えになる
- 将来の自分の姿がイメージしやすくなる
- 道を踏み外さなくなる
- 困ったときや迷ったときに相談できる
- 叱咤激励してくれる

などです。**私は今でも自分のビジネスのロールモデルになってくれそうな人を見つけては、いろいろな人に会いに行っています。そのために年間500万円くらい使っています。**

今は、60歳ぐらいの経営者の方にメンタル面でのアドバイスをいただいています。その方は起業して2億円の借金を抱えて自己破産した経験があり、その後に投資でうまくいって不労所得で生きていけるようになったのです。ビジネスや事業の心構えなどのメンタル面を支えていただいたおかげで、売上がV字回復して安定するようになりました。

人間はそれほど強い生き物ではありません。壁に突き当たったとき、大きなトラブルに巻き込まれたときだけではなく、絶好調のときも足元をすくわれないようにアドバイスをしてくれる存在がいれば、常に平常心でいられるようになるでしょう。

チェックポイント

メンターなんかいなくてもいい？

メンターが本当に必要になるのは起業してから。

起業で成功する人は、

起業0年目から デキる同僚に仕事術を学んでおく

会社はお金（給料）をもらいながら、無料でいろいろなことを学べる便利な場です。起業前に利用できるものは最大限利用しましょう。

会社を辞めて独立すると、基本的になんでも自分でやることになります。

スケジュール調整や打ち合わせも、資料や書類をつくるのも自分です。メインの業務をこなしながら、経理などの事務仕事もこなさなければなりません。

だから効率化する手法や時短のテクニックなど、仕事に必要なことに関しては、会社を辞める前に学んでおくといいと思います。

もしも仕事ができる同僚や上司がいたら、方法を教えてもらうと生きた仕事術が身に付きます。

資料づくりが上手な人がいたら、「いつも見やすい資料ですが、どういうふうにつくっているんですか？」と聞いてみます。どんなフォーマットを使っているのかを教えてもらえるかもしれません。

「いつも仕事が早いですね。どうやったらそんなに速くなるんですか？」とストレートに聞いてもいいでしょう。相手も悪い気はしないと思います。

とにかく、会社には優秀な人が大勢いるので、会社にいる間にスキルを盗めるだけ盗んでおくと、後々役に立ちます。

私は昔から仕事術には興味があって、会社員のときから同僚や先輩に「これ、どうやってるんですか？」とよく聞いていました。

ただ、本当の価値を知ったのは後になってからです。

仕事術を知ると時短になるだけではなく、相手が得意なことを「教えてほしい」と言うと、相手は内心嬉しく感じるので、相手との距離が縮まる効果があったのだと起業後に気づきました。

セミナーを受講したり、ビジネス書を読んだりして学ぶことも、会社の中なら「ご飯おごるから教えてください」で通用します。

また、できる人に教えを請《こ》う行為は、起業した後の集客や営業につながります。

相手の懐《ふところ》に飛び込むという行動は、アポイントをとってマンツーマンで会って話すのと同じです。

つまり、人との距離を縮めるための練習にもなるのです。これは起業したら必ず必要になるスキルです。

有名人や超一流の人だけではなく、身近にいる誰からでも学ぶことはできます。

ただ、仕事ができる人にどう近づけばいいのかは、普段からやっていないとわからないでしょう。

会社員なら、あらかじめ同僚や先輩・後輩といった関係性があるので、まったく知らない人よりも近づきやすいのは確実です。これもトレーニングだと思って、声をかけてみてください。

社内の勉強会やセミナーがあれば、できるだけ参加してみるのも仕事術を学ぶことになります。

今は「自分には関係ない」と思うかもしれませんが、いつか思わぬところでその情報が役立つかもしれないからです。

仕事のノウハウだけではなく、息抜きの仕方やメンタルを保つ方法、上司や取引先と仲良くなる方法でも何でも、吸収しておくと自分の血肉となります。

大切なのは生きた仕事術を学ぶことです。

やはり、本や動画より今まさに実践している人からライブで学ぶのが最強です。

チェックポイント

権威のある人や専門家からしか学べない？

どんな人からでも学べるやわらか頭をつくろう。

起業で成功する人は、起業0年目から稼いでいる人の考え方を学ぶ

起業塾に通えば、起業するために何が必要なのか、何をすればいいのかがわかり、起業してからのイメージをつかみやすくなります。塾の参加者は同じ目標を目指しているので、切磋琢磨《せっさたくま》できる仲間もつくれます。

何より、実際に稼いで成功している人の考え方を、直に学べるチャンスです。気になる起業家がいて、起業塾を開いているのなら、ぜひ参加してみるべきです。**ただし、せっかく参加するなら受け身にならず、講師や仲間から学べることは貪欲に学びましょう。**

せっかくお金を払ったのにフェードアウトしていく人も、受講後も何も行動に移さない人もいますが、もったいない話です。できれば塾に通っている間に副業を始めるなど、何かしら行動に移さないとお金を払った甲斐《かい》がないと思います。

気になる起業家がいない方は、次のようなポイントを参考にして起業塾を選んでみてください。

①信頼できる講師か

講師は自分でビジネスをしている現役か、ビジネス経験は豊富か、塾の卒業生が起業して成功した実績はあるかなどをチェックしましょう。

逆に、これらの実績がない講師なら学べることはほとんどないと思います。

あまり知られていない講師は実績を偽ることもできるので、必ずネットなどで評判を調べてみましょう。講師の経歴が講座の内容の裏付けになっているかどうかもチェックポイントです。

②起業塾の内容、目標が自分に合っているか

なぜその起業塾に行くのか、自分にとっての必要性がはっきりしているかどうかを考えてみましょう。

起業する前なのにすでに起業した人向けの塾を選んでいたり、反対に起業後に起業前の人向けの起業塾を選んでいたりすると、ムダになってしまいます。

③ 相談・質問できるか

わからないことや困ったことがあったとき、講師に相談・質問できるかも重要なポイントです。それができない起業塾は参加するメリットがあまりないと思います。

起業塾の講師を使い倒すぐらいの気持ちで参加しましょう。私が講師を務める「たまごキャンプ」に参加する方々を見ていても、成功するのは講師を上手に利用する方です。積極的に相談してくる方は、やはり着実に起業に向けてステップアップしていきます。

起業塾や講師の評判をネットで調べてから決める人も多いと思います。

そのときに注意してほしいのが、検索すると「○○塾は詐欺《さぎ》？」「○○塾は本当に稼げるのか検証してみた」というタイトルのブログ記事などがヒットするときです。

どんなことが書いてあるのか気になって、ついつい見てしまいますが、最後は「私のLINE、メルマガに登録してもっと有益な情報をゲットしましょう」などとなっている場合がよくあります。

これは他人の起業塾の名前を利用して自分のところへ誘導する手法です。この手のものはまず信用できないと思ってください。

簡単に儲けることを売りにしている起業塾の中には、詐欺まがいのものが紛れ込んでいる場合もあります。起業塾や講師が集団訴訟などのトラブルを抱えているケースもあるので、注意しましょう。

なお、複数の起業塾を同時に掛け持ちするのはおススメしません。頭が混乱するし、どちらも中途半端になって結局ムダになってしまうからです。

起業塾に参加して、講師の話に納得したら、すぐに行動に移しましょう。成功者の考え方やノウハウを真似《まね》れば、成功までの時間を圧倒的に短縮できます。

チェックポイント

起業塾なんて意味はない？

塾を生かすも殺すも自分次第。

起業で成功する人は、
起業0年目からマーケティング脳を育てる

マーケティングは商品やサービスが売れる仕組みをつくることを意味します。

起業してから、マーケティングは起業にめちゃくちゃ関係するのだと実感しました。

起業したら、自分で商品やサービスを考えて売っていかなくてはなりません。ものをつくらなくても、スキルを提供して料金をもらうのであれば、やはり売れる仕組みを考えないとやっていけないでしょう。

会社員時代は、通勤時間が片道2時間半ぐらいだったので、電車に乗っている間はビジネス書をひたすら読んでいました。おそらく300冊ぐらいは読んだと思います。

だから、マーケティングの知識は学んで理解しているつもりでしたが、実践となると話は別です。起業前からもっとマーケティング力を鍛えておけばよかったと反省しています。

私の経験を踏まえて、これから起業する皆さんには、マーケティング脳を育てる3つのトレーニングをおススメします。

自転車に乗れない人が乗り方の理論を本を読んだり動画を見たりして理解しても、すぐに乗れるようにはなりません。実際に自転車に跨《またが》って体を使って覚えることで、自由自在に乗りこなせるのです。

①「この商品を欲しがるのは誰だろう?」と考える

普段CMや情報番組、お店などで目にする商品について、「この商品を欲しがるのは誰だろう?」「その人はどこにいるのだろう?」「その人にどうやって知ってもらうのだろう?」と考えてみましょう。真剣に考えるというより、ゲーム感覚で30秒くらい考えるクセをつけることが重要です。

ポイントは「自分では買わないだろうな」と思うものや、いつもならスルーしてしまう商品でトレーニングすることです。

たとえば、「熟《う》れすぎて黒くなってしまったバナナを欲しがるのは誰だろう?」「10個で1万円を超えるたまごを欲しがるのは誰だろう?」という具合に。

一見、「誰も欲しがらないのでは？」と思うようなものにも意外とビジネスチャンスはあるので、さまざまな角度から考えてみるとマーケティング脳が鍛えられます。

②お金を払ったときの感情や行動を振り返る

買うか買わないか迷ったものを「よし、買おう！」と決断したとき、自分がどのように考えて行動したかを一つずつ振り返ってみましょう。

たとえば、Facebookの広告で見つけた面白そうなグッズを「欲しい」と思って、迷った末に買うことに決めたとします。最終的に買う決断をするまでに、自分がどんな行動をして、何が決め手となったのかを振り返ってみてください。

Facebookからグッズを売っている企業のホームページに飛んでチェックする。

口コミを読み、ほかのグッズとも比較してみる。

それでも迷っていたところに「今なら30％オフ」という売り文句を見て購入の手続きへ。

このように一連の流れを振り返ると、どんなときに人はお金を払いたくなるのかが見えてきます。

③自社のマーケティング戦略を調べる

今勤めている会社で、どの商品をどのように売っているのかもマーケティングの参考になります。よく「うちの商品は売れない」と営業の担当者がぼやいていますが、なぜ売れないのか、どうすれば売れるのかを分析するのもトレーニングになります。もしかしたら、商品はよくても売り方に問題があるのかもしれません。

この3つのトレーニングを繰り返して、半年も経てば自分自身の変化を実感できるでしょう。高額なセミナーに大金をつぎ込まなくても、日々のトレーニングでマーケティング脳は十分鍛えられます。

大切なのは、「なぜ」「どうして」「どうすれば」と疑問を持ち続けることです。

チェックポイント

ボーッと生きていませんか？

マーケティング脳は日々のトレーニングで鍛えられる。

第4章

失敗しないビジネスの選び方・つくり方

起業で成功する人は、
起業0年目からスキルマーケットを使いこなす

ここまでの章で、起業0年目はココナラなどで仕事を出品してみようとお話ししてきました。

ここで、スキルを出品できるおススメのサイトをご紹介します。

◎ココナラ：起業超初心者向け

自分のスキルを商品にして取引できるスキルマーケットです。起業の初心者に一番向いているサイトだと思います。

とにかく登録してある仕事の数が膨大で、占いや「愚痴を聞きますよ」というスキルもあります。

ココナラでは出品者ランクがあり、販売実績や購入者の満足度によって、「レギュラー」

「ブロンズ」「シルバー」「ゴールド」「プラチナ」の5ランクを認定しています。たとえば、有料の販売実績が10件以上、納品完了率が80％以上ならブロンズ、というように。

私の起業塾の塾生も、ゴールドやプラチナを取得しています。ランクが上がると信頼度が上がるので依頼が増えますし、料金も高めにできます。何より自信がつくので、スキルと経験を磨くのにいい場です。

ストアカ：起業やや初心者向け

ストアカは「教えたいと学びたいをつなぐまなびのマーケット」というコンセプトのサイトです。

ですので、このサイトはオンラインや対面で教えることをビジネスにする人が対象になります。

第2章のステップで、いずれ仕事を受注するだけの側から教える側に回ったほうがいいとお話ししました。起業0年目の初心者がいきなりストアカを利用するのはハードルが高いですが、ココナラである程度スキルを積んだ後に、ストアカで教える経験を積むという順番なら、ステップアップにつながります。

ストアカでも講師の経験が浅い人は料金を低めに設定しないと、受講する人はいないようですが、経験を積むにつれ、料金をアップしていけます。

話し方やプレゼン資料のつくり方など、王道の講座もあれば、「自治体に選ばれる講座のつくり方」「自己肯定感をアップさせる方法」「時間管理術」などの講座もあるので、自分が教えられるスキルで講座をつくればいいと思います。

YouTubeで教える動画を公開する方法もあるでしょうが、ストアカは有料だけに内容がイマイチの講座は淘汰《とうた》されていくでしょうから、「どうすれば人気講座になるのか」と試行錯誤するうちに、かなりの実力がつくはずです。

将来教えることを視野に入れている人は、利用してみてはいかがでしょうか。

回 クラウドワークス、ランサーズ：起業中級者向け

どちらも仕事を受発注できる有名なサイトです。ランサーズは日本で初めてクラウドソーシングサービスを始めたサイトですが、今はクラウドワークスのほうがメジャーでしょう。

この2つのサイトは仕事を頼みたい企業や団体が募集をかけ、それに応募して選ばれ

たら受注できる方法がメインです。コンペもあります。

ココナラやストアカのように、仕事を受けたい人がスキルを出品するコーナーもあるので、そこを見て依頼してくるケースもありますが、各分野のプロが登録していることが多いので、起業初心者が選んでもらうのは難しいでしょう。

ハードルが高い分、料金はココナラやストアカよりも高めです。

ココナラやストアカである程度経験を積んだ後に登録して、気になった案件に自分から応募して実力を磨いていく場として適しています。


ほかにもクリエイター向けのサイトや士業向けのサイト、女性や主婦が隙間時間に稼げるサイトなど、自分のスキルを商品にできるサイトは数多くあります。

自分のスキルを活かせそうなサイトを探して、スキルを出品してみるのが起業0年目の第一歩です。

基本的に、どのサイトも登録は無料です。出品の仕方はそれぞれのサイトで説明しているので、それに沿って入力していけば登録&出品できます。

ココナラやランサーズでは、自分が提供するサービスの名前も自分で考えなくてはなりません。仕事を依頼したい人の目に留まるようなキャッチーな商品名を考える必要がありますが、それはココナラでの販売実績が多い出品者を参考にするといいでしょう。
ポイントをお伝えしておくと、「ひと目で直感的にわかること」が非常に重要です。たとえば、「経営者向けのスライドを3日でつくります」のように、得られるものをイメージしやすくするとよいです。

なお、どのサイトも出品した商品が購入されたとき、もしくは依頼主と出品者との間で受注が成立したら手数料を引かれます。ですので、商品は利益が出る金額に設定するのが基本です。

チェックポイント

スキルマーケットをいくつ知っている?

スキルマーケットは経験値で使い分ける。

起業で成功する人は、起業0年目から3000円の商品を10件きっちり提供する

これはすでにお話ししたことですが、大事なポイントなので、改めて解説します。

起業0年目は3000円の商品を、まずは「きっちり」提供するところから始めましょう。**これを強調するのは、多くの人はどうしても無意識に手を抜いてしまうからです。**

3万円や30万円の仕事なら本気で取り組むのでしょうが、3000円だと「コンビニのバイトより安いじゃん」と比べて、つい「これぐらいでいいか」と妥協してしまいます。それをやってしまうとリピートしてもらえませんし、ほかの人に紹介もしてもらえません。ほかにも同じ仕事を3000円で提供している人がいるなら、そちらに任せようという話になります。

最初は稼ぐのを目的にするのではなく、経験を積むのが目的だと考えましょう。そうすれば、依頼があるだけで「ありがたい」という気持ちになれます。

3000円の商品も3万円の商品も、もっと言うなら3億円の商品も、売るときの心構えは同じです。値段がいくらであっても、「信用」を売るのが商品の売り方です。

高い商品で売り方を失敗したら一度で信用を失いますが、それは3000円の商品でも同じです。むしろ安い商品ほど、信用は失いやすいと言えるかもしれません。

私自身も、仕事をなめていた時期がありました。会社勤めが嫌だから起業をするという動機自体がなめていますし、起業1年目から売上2000万円と絶好調だったので、ラクに大金を稼げると思っていました。だから代官山駅前の家賃40万円の高級マンションに引っ越して、完全に成功者になったつもりでいました。

ところが、「起業したら優先的に仕事を回すよ」と言ってくれた取引先との関係が、徐々に悪化していきました。最初は言い値で任せてもらえたのですが、見積もりを出しても内容を確認しないまま「半額でお願いできますか」と値切られることが増えたのです。そのうえ、自分の作業範囲ではない仕事まで自分の責任にされ、「これ以上、この会社とはやっていけない」と縁を切ることにしました。

しかし、その1社としか取引していなかったので、契約が切れた瞬間に仕事はゼロになりました。「すぐに次が見つかるだろう」と思っていたのに、なかなか見つからずに、お金は減っていくばかり。高級マンションから引っ越して、実家に戻るしかなかった時期もあります。

今の私なら、当時どん底に落ちた理由は、仕事を根本的になめていたことだとわかります。売上が落ちて困っている時期も、泥臭く営業をかけて仕事をゲットしようとは思いませんでした。ラクに稼ぐ方法ばかり探していたので、怪しいビジネスに引っかかってしまったのです。ですので、**反省の意味を込めて、ビジネスをなめるな、最初は泥臭い仕事も嫌がらずにやろう、と皆さんには声を大にしてお伝えしたいです。**

最初は3000円の仕事でも3倍ぐらいの料金をもらっているつもりで、割に合わないくらいに提供すると、リピーターがつくでしょう。2倍の6000円のつもりだとちょっと中途半端なので、3倍の9000円をもらうつもりだと、はりきって仕事を完遂しようという気になります。Web広告の画像をつくるなら、早い段階で依頼者に第1案を出して、「これでどうですか？　気になる箇所があるなら修正します」と確認すれば、相手は「しっかり仕事をしてくれているんだな」と感じます。見本を3つぐらいつくって選んでもらってもいいでしょう。修正を2回か3回繰り返して相手の期待を超える画像に仕上げれば、「またお願いします」となります。

また、いきなり10件を請け負うのではなく、最初は1件ずつ受注して、終わったら次を引き受ける、というペースがちょうどいいと思います。

とくに最初の2、3件は要領をつかめずに時間がかかるので、仕事を請け負っている最中はいったん募集を止めてしまってもいいぐらいです。

3〜6か月で10件をやり遂げたら、そこから先はペースアップしても大丈夫でしょう。慣れてきたら仕事を効率化できますし、料金も値上げできるので、仕事が面白くなっていきます。

チェックポイント

大きな仕事が最優先?
小さな仕事で手を抜けば大きな仕事が逃げていく。

起業で成功する人は、起業0年目から相手に求められるビジネスを選ぶ

もしタイムマシーンに乗れたなら、誰でも大金持ちになれます。ビットコインやApple社の株が発行されるころに戻れたら、大富豪になれるでしょう。

私は以前、起業家は新しいもの好きで、ゼロイチの発想ができて、イノベーティブな商品を生み出すアイデアマンだと思っていました。

しかし、自分自身はアイデアを考えるのが苦手で、イノベーティブな商品を生み出していませんが、起業してやっていけています。

よほど天才的なアイデアを持っている人ならともかく、自分のやりたい、とがったビジネス＝成功するビジネスではないと今は思っています。

起業セミナーなどでは、よく「自分のやりたいことをビジネスにしよう」と勧めます。

確かに、やりたいビジネスで成功すれば理想的ですが、現実はそれほど甘くはありません。ビジネスにはできるかもしれませんが、それで生計を立てられるかは別問題です。たいてい、自分がやりたいことは世の中で求められていなくて、お客様が喜んでお金を払うようなビジネスではないものです。自分では「このビジネスは面白い！」「大ヒットするに違いない」と思っていても、自己満足にすぎないことは珍しくありません。

私自身、自分でよかれと思って立ち上げたサービスで、2年間まったく問い合わせがなかった経験があります。経験の浅い人が思いつくビジネスなんて、「そのビジネスに誰がお金を払うの？」と思ってしまうものばかりです。

夢のない話でガッカリするかもしれませんが、起業塾でも「やりたいビジネスをするのは、稼げるようになってから」と話しています。

それなら、どんなビジネスを選べばいいのでしょうか。

それは、「相手から求められるビジネス」です。

相手から求められるビジネスとは、「これ、できますか？」「これを教えてください」

と言われたことです。それは「やってくれるならお金を払いますよ」と言ってくれているのと同じことなので、稼げるビジネスであるのは間違いありません。

相手から求められるものは、大きく3種類に分かれます。

①今求められているもの
②未来に求められるもの
③過去に求められたもの

このうち、最強なのは②です。

競争相手がゼロなので独占できます。しかし、未来に何が求められるのかはわからないので、推測するのは難しい。

③は、「時代遅れ」と言われていても変えようとしないビジネスは結構存在するものです。後追いになるので利益は少なくなり、あまり儲かりません。

①は才能がなくても誰でもできるので簡単です。理想的なのは、半歩先の未来で求められるもの。これなら、ブレイクするでしょう。あまり先を行きすぎていたら、売れま

せん。

私の場合、低迷していた時期に「倉林さん、ITに詳しいならWeb広告のお仕事をお願いできませんか」と知人に言われたのが転機になりました。

その時期は、まだWeb広告もそれほど普及していなかったので、半歩先ぐらいのタイミングでした。

実は、ITに詳しくてもWeb広告についてはまったく素人だったのですが、あまりにもお金がなかったので「やります」と引き受けて、必死に勉強しながらWeb広告をつくってみました。

それは5~10万円のオンライン教材の広告で、結果的に4億円も売れました。

相手は大喜びして、「次もお願いします」となり、さらにその広告をつくっているのが私だと知った人からの問い合わせも激増したのです。

そこから業績はV字回復し、1000万円単位で売上がアップしていきました。

自分の体験からも、相手に求められるビジネスでないと成功は難しいと感じています。

自分から「こういう業務はどうですか」と提案してもいいですが、「それは何ですか」

「実績はありますか」と聞かれたら説明しなくてはならないので、手間がかかります。それより、最初は相手から求められたことを「できますよ」「〇〇円です」と繰り返していくうちに、仕事の幅が広がっていくので、ラクに稼げるようになります。

誰からも「この仕事をお願いしたい」と頼まれたことがないなら、何をすればいいのか迷うかもしれません。

その場合は、ココナラやクラウドワークスなどで募集をしている案件や人気のある仕事を探せば、それが相手に求められているビジネスになります。

チェックポイント

未来ばかり気にしていませんか?
今そこにあるニーズを探そう。

起業で成功する人は、

起業0年目から「代行ビジネス」を始める

最近、退職代行のサービスが話題になっています。

率直に、うまいところに目をつけたな、と感じます。

仕事を始めたばかりだと「辞めます」とは言いづらいし、その会社で長く働いて人間関係が良好でも、どこかしら後ろめたさがつきまとうでしょう。

そのビジネスがいいかどうかは別として、世の中に求められているサービスをうまく掘り起こしたのは事実です。

このように、何かを代行するビジネスは成功する確率が高いと言えます。

家事代行、運転代行、経理代行など、さまざまな代行サービスがあり、なかには結婚式で呼ぶ客が少ない人を対象に、ゲストの代行サービスもあるそうです。家族や友人のフリをしたゲストが、「おめでとう！」とお祝いをしてくれるということですね。

そもそも、農業や漁業は自分で野菜を育てたり魚を獲ったりするのを代行している仕事です。小売業は自分で商品を仕入れるのを代行して売ってくれる仕事で、飲食店は自分で料理をつくるのを代行しています。

そう考えると、ありとあらゆることは代行できます。

起業で何を始めたらいいのかわからないのなら、まず代行を考えてみましょう。

何を代行すれば喜ばれるのかを考えてみると、そこにビジネスのヒントがあります。

たとえば、今は「買い物難民」と呼ばれる人々がいますが、買い物を代行すれば喜ばれるかもしれません。

ココナラやクラウドワークスに並んでいるのも、基本は代行ビジネスです。

代行ビジネスはあまり実績や経験を問われないので、初心者でも気軽にできます。

「プレゼン資料をつくってほしい」「データを集計してほしい」「営業メールを送ってほしい」のように、誰にでも「この作業を誰かに頼みたい」という小さな業務があるので、それを引き受ければビジネスになります。

たとえば「Facebookのアカウントをつくる方法を教えます」というスキルでも売れます。

Facebookを普通に使いこなしている人にとっては特別なスキルでも何でもありませんが、ＩＴが苦手な人は何もわからないので、Facebookの始め方やFacebookの投稿の仕方を教えてくれる人がいたら、お金を払ってでも教わろうとするのです。

「自分で調べればわかるのでは？」と思うようなことでも、ＩＴが苦手な人はそもそも調べ方がわかりません。だから１０００〜３０００円でスキルを売ると、気軽に依頼する人が結構いるものなのです。

ただ、それはスキルと時間を切り売りすることになるので、40〜50代のベテラン社会人になると、「そんな面倒な仕事はできない」と難色を示す方が結構います。確かに、ベテランなら「経理の仕事を丸ごと引き受けて、きちんと稼ぎたい」と思うでしょう。

しかし、起業０年目は起業の世界では新卒と同じなので、下積みから始めるのは当然と言えば当然です。どんなにベテランアピールしても、どれぐらいのスキルがあるとわからなければ、大金を払って任せたいとは思ってもらえません。

まずは小さな仕事を任せて、どれぐらいのスキルがあり、信頼できる人なのかがわからないと、大きな仕事にはつながらないものです。自分のスキルを認めてもらうためにも、一つのスキルを代行するところから始めるのがベストだと考えましょう。

身近な人に声をかけて代行するのもアリだと思います。

「代わりにデータ入力します」「企画書をつくります」「買い物を引き受けます」のように、自分ができることを伝えたら、「それならお願いしたい」と話がまとまるかもしれません。

文章を書くのが得意な人なら、それこそ代行できることはいくらでもあります。

一人起業家で話すのが得意な人はYouTubeなどで情報発信をしていますが、文章を書くのは苦手な人が結構多いようです。そういう人を対象に、セミナー動画をもとにKindleで出版するための本をつくったり、ブログを書いたりするなどの仕事は喜ばれると思います。

まずは「ちょっとしたお困りごと」を代わりに引き受ける仕事を探してみてください。

チェックポイント

過去の栄光や経験が大事？
経歴より今の信用が第一。

起業で成功する人は、
起業0年目から
絶対にやりたくないビジネスは選ばない

「相手に求められるビジネスをしよう」と言っておきながら、相反するようですが、自分がどうしてもやりたくない仕事なら、たとえどんなにニーズがあっても、やらないほうがいいでしょう。

「自分のやりたいビジネスはやらないほうがいい」と言うと、「じゃあ、やりたくないことをやったほうがいいんだ」と思う方もいるようですが、それは誤解です。**絶対にやりたくないことは続けられないので、ビジネスとしてやっていくのはムリがあります。**

たとえば、ＩＴに関して苦手意識のある人が、Web広告の仕事をする必要はありません。自分が苦痛なくできる分野でチャレンジするほうが、ムリなく続けられます。

嫌々やっている仕事はクオリティが低くなりますし、お客様にも不満が伝わってしまうものです。そうなると、依頼をしたお客様はお金を払っているのに失望することになり、お互いに不幸になるだけです。自分の評判もどんどん悪くなるでしょう。**とはいえ、「できるけれど面倒くさい」というレベルなら、引き受けたほうがいいと思います。**自分以外の人も同じ仕事で「できるけれど面倒」と感じている可能性が大なので、それはビジネスとして成功する芽があります。

判断基準となるのは、苦痛なくできるかどうか。「面倒だけど、苦痛ではない」仕事は、意外と適性があるかもしれません。「苦痛なくできる」というのも一種の才能なので、本人は自覚していないだけで、まわりの人よりも高いレベルでできている可能性もあります。

何をやって、何をやらないのかを見極めるには、「やってはいけない」ことで線引きをします。

自分の好き嫌いや得意不得意を判断基準にするより、違法行為や反倫理的行為、反社会的行為など、自分の良心に照らして「これをやったらおしまい」ということは絶対にやらないと決めておくと、明確な線引きになります。

自分の利益だけを考えていると、ふとしたはずみに一線を越えてしまうので、やってはいけないことを決めておくのは大事です。

ただ、やってはいけないこと以外の仕事は、一度引き受けてみてもいいかもしれません。

私は、元々Web広告の運用代行をするつもりはありませんでした。「一日中パソコンに張り付いていないといけないんだろうから、面倒だな」とイメージしていたのですが、実際にはそんなことはなく、面倒ではなかったので、やってみないとわからないと実感しています。

話すのが苦手な人がムリに営業をする必要はありませんが、多少苦手な仕事なら、引き受けるのも悪い話ではないと思います。ドラマや映画で、苦手な仕事を渋々やっていたらお客様に喜んでもらえて、その仕事にやりがいを感じるようになった、というのは鉄板のストーリーです。実生活もそれと同じで、どんなに嫌いなことや苦手なことでも、誰かが喜んでくれたら苦にならなくなります。

ですので、「食わず嫌い」にならないためにも、2、3回はやってみる。それでも、どうしても自分には向いていないと感じたのなら、それ以降は引き受けない、という線引きもアリでしょう。

なお、「独立したら、やりたくないことはすべてやらなくてもいい」と考えるのは行きすぎです。

今の会社ではやりたくない仕事でもやらなくてはならない。でも、起業したら自分が仕事をすべて選べるのだから、やりたいことだけやればいいんだ。**そう考えている人がいるとしたら、世の中はそれほど甘くないと自分ならアドバイスをします。**

自分が稼いだお金で生計を立てるのは想像以上に大変なので、えり好みなどしていられません。その分野の第一人者として認められるぐらいの実力や能力があるのなら話は別ですが、そうではない人は、やりたくない仕事でも引き受けないとやっていけない場面があります。

お金をもらえるのなら、割り切って引き受けたほうがいいこともあると覚えておいてほしいと思います。その経験は絶対にムダにはなりません。

チェックポイント

超えてはいけない一線を越えていないか？

お天道様は常に見ている。

起業で成功する人は、
起業0年目から
即始められて即撤退できるビジネスを選ぶ

ビジネスは新規事業を始めることより撤退するほうが難しい、と多くの経営者が口をそろえて言っています。

有名電機メーカーが赤字に転落したというニュースを見ると、「あーあ、テレビなんてオワコンなんだから、さっさと工場を閉めちゃえばいいのに」などと勝手なことを思いますが、実際にはそんなに簡単なものではありません。

それまでに費やしたコストを回収できなかったら株主からは批判され、その事業に携わっていた社員のクビを切るわけにはいかず、工場を売却できるのかなど、大きな問題がのしかかります。それを決断するぐらいなら、先延ばしにしたほうがラクです。

自分一人でやっているビジネスであっても、撤退はそれほど簡単ではありません。

初期投資をしていないなら、「ダメだったな」とすぐに撤退できるでしょうが、もし事務所を借りてお金をかけてホームページもつくっていたら、そう簡単にはやめられないでしょう。資格を取るために相当なお金をかけていたら、なおさらです。

ですので、起業0年目は、即始められて即撤退できるビジネスをするのが安全・安心です。

たとえば、おいしいコーヒーを提供するカフェを開きたい場合、初期投資は1000万円近くかかるかもしれません。

オープン初日から連日満席ならともかく、初期投資を回収するのは簡単ではないでしょう。開店したらお客様が来なくても店を閉めるわけにはいきませんし、水道光熱費や家賃などの維持費もかかるので、進むも地獄、引くも地獄の赤字にひたすら耐える日々になりそうです。

この場合、まずコーヒーの焙煎《ばいせん》からスタートする方法があります。

小型の焙煎機を中古で買い、小さい一坪でコーヒー豆を販売するお店を開きます。今は一つのスペースに複数のレストランが入居して、試しにお店を開いてみるクラウドキッチンという場もあるので、初期コストは数十万円に抑えられます。

試飲でお客様にコーヒーを飲んでもらい、常連が増えたらカフェスペースをつくり、少しずつ拡張していったらリスクは最小限で済みます。うまくいかなくても、損失は大打撃になるほどではないでしょう。

そのように、起業0年目は小さく始めて試してみて、大きく失敗しないのが鉄則です。

撤退する条件を、自分であらかじめ決めておいてもいいと思います。

たとえば、6か月真剣にやってみて、うまくいかなかったら撤退する。

一度始めたら続けなくてはいけないと思っている方は多いのですが、それは思い込みです。うまくいかないことをズルズル続けていても、時間もお金ももったいないので、そこは見切りをつけて新しいビジネスを始めるほうが建設的です。

今は生成AIが浸透している関係で、ビジネスは目まぐるしく変わっています。

だから「2年間かけて開発しました」という商品だと、もう勝負できません。もし何かの商品を売りたいのなら、さっさとプロトタイプをつくって市場に出して、反応を見てから本格的に開発するかどうかを決めたほうがいいでしょう。

Instagramは、元々は「Burbn」という位置情報共有アプリとしてリリースされました。

しかし、すでに似たようなアプリがあったので利用者が増えず、悩んでいたとき、利用者が写真を共有する機能をよく使っていることに気づきます。

そこで、写真を共有するアプリInstagramとして再スタートさせたところ、世界中で使われるアプリになりました。

そのように、とりあえずやってみて、ダメだったら即撤退するぐらいのスピード感が、今のビジネスには必要です。

ココナラのようにお金をかけずにサクッと始められて、サクッとやめられる場を利用して、自分が勝負できるビジネスを見つけてください。

チェックポイント

最初からでっかくやるつもり？

ハイリターンにはハイリスクがついてくる。

第5章

リピートと紹介を生み出すコミュニケーション術

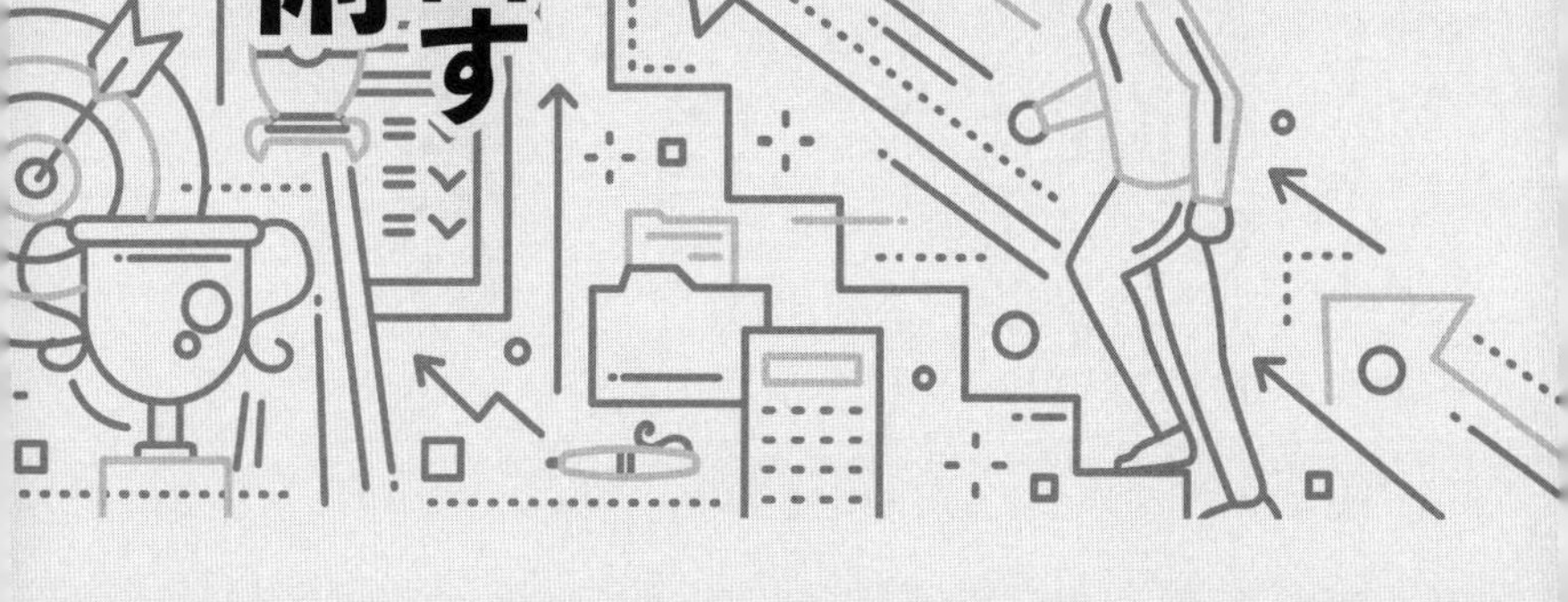

起業で成功する人は、

起業0年目から ちょっとした一言を聞き逃さない

どんなビジネスでも大切なのは、いかにリピーターを増やすのか、という点です。

1回限りの受注を繰り返していたら、いつか頭打ちになります。一度利用していただいた方に「またお願いしたい」と思ってもらうためには、やはりコミュニケーションが欠かせません。私のようにIT関係の仕事をしていると、「スキルさえあればコミュ障でもやっていける」と思いがちですが、それが許されるのは組織の中にいるときだけです。

起業したら、どんなにコミュ障の人でもコミュニケーションをとらないと、やっていけません。とくにココナラなどのサイトでは同業者が大勢いるので、お客様に失礼な態度をとってしまったら、あっという間に評価が下がります。**ですので、私は起業塾でも「新しいスキルを磨くより、コミュ力を磨こう」と伝えています。**

これから起業したいという人の多くが、まず新しいスキルを磨こうとします。本を読んだり、勉強をしたり、セミナーに行ったりしますが、それだと習得するまでには時間とお金が結構かかります。スキルは今持っているもので何とかなるので、それより丁寧なコミュニケーションを心がけましょう。

そのためにもココナラはいい練習場所になります。

問い合わせや依頼があったら「ご連絡いただき、ありがとうございます」とまずはすぐにお礼を伝える。作業が始まったら、「今はこうなっています」「ここまでできました」と経過報告をする。万が一遅れそうな場合は、早めに連絡する。そのような、ごくごく当たり前のコミュニケーションを心がければ、相手にいい印象を残せます。

以前、起業塾の受講生の女性と話したときに、すでにココナラで何件か仕事をしているけれども、受注数が伸び悩んでいるという相談を受けました。

そこで、今までのお客様がどんなことを言ってくれたかを聞いてみたところ、「女性なので寄り添ってくれそうだから選びました」という反応がいくつかあったそうです。ここからは私の想像ですが、お客様は過去に男性に仕事を頼んで嫌な思いをしたのかもしれません。女性ならもっと細かい気遣いをしてくれそうという期待があったのでしょう。

それなら、その声を活かして女性目線で「お客様に寄り添います」といった文句をプロフィールに書き込めば、同じようなニーズを拾えるし、リピート率も上がるんじゃないか、とアドバイスをしました。

そのように、ちょっとした一言に、相手の真意が隠されている場合があります。相手の言葉やメールの文面の一言一句を見逃さないで、しっかりキャッチするよう意識しておきましょう。

「少しでも早く仕上げてくれると助かる」と言われたとき、「差し支えなければ、急ぐ理由を伺ってもいいですか?」と尋ねたら、事情を説明してくれるかもしれません。

誰でも、自分のことを知ろうとしてくれているのを感じたら、嬉しいものです。そこから信頼関係は生まれます。

最初のうちは、ストレートに「なぜ注文してくれたのですか?」とお客様に聞いてもいいと思います。それを続ければ、段々データがたまって、相手が求めていることを理解する感度が磨かれていきます。

このコミュニケーションスキルは、今働いている場所でいくらでも鍛えられます。

たとえば、「この仕事を頼むよ」と言われて「はい」と引き受けるだけではなく、どんな目的で自分に仕事を回してくれたのか、自分が何を期待されているのかを、相手に確かめてみます。「この案件で、私が担うべき役割は何でしょうか？」「どうして私に任せてもらえたのでしょうか？」のように尋ねてみると、今まで聞いたことのない回答が返ってくるかもしれません。相手が自分に何を期待しているのかがわかったら、その期待に応えられるように行動すればいいだけです。

どうしてもコミュニケーションが苦手なら、得意な人と組んでやっていく方法もありますが、ココナラなどで出品するときは一人で対処するしかないでしょう。最初からやらないと決めつけるより、ある程度はコミュニケーションをとれるようになっておいたほうが何かと便利だと思います。

チェックポイント

コミュニケーションは苦手？

コミュニケーションスキルは鍛えれば伸ばせる。

起業で成功する人は、
起業0年目から
こまめに確認するクセがある

成功している起業家に共通する特長の一つが、必要なところでこまめに確認する習慣です。これも起業して成功するためのコミュニケーション術です。

お客様に頻繁に連絡するのは面倒だとか、失礼になるんじゃないかと思っている人もいますが、決してそんなことはありません。仕事を頼んだ方は、ちゃんと注文通りのものができてくるか、伝達ミスが起きていないか、スケジュール通りに進んでいるかなど、ずっと気にかかっているので、こまめに連絡してもらったほうが安心できるのです。

たとえば、インタビューや会議の音声の文字起こしの作業があります。

ココナラで文字起こしの案件を受注するときに、「ケバとり」をするかしないかを先に確認する人がいます。ケバとりというのは録音された音声の中の「あのー」「えーと」などの内容に関係のない余計な部分を取り除くことですが、これをやるかやらないかで

作業が変わり、仕上がりも違ってきます。さらに細かいところでは、ファイルの形式はWordかtextか、縦書きか横書きかなど、初めて仕事をする相手の場合は確かめておくと安全です。こういったことを、お客様から指定される前に自分から確認すると、「この人は丁寧に仕事をやろうとしてくれているな」と好感度が上がります。

また、作業の目的や何を期待しているのかを確認するクセをつけておくと、コミュニケーションのずれや、相手の期待値とのずれを事前に解消できます。そうすればやり直しの回数も減らせますし、お互いに満足して仕事を終えられます。

有名なメラビアンの法則では、コミュニケーションをとるときに受け取る情報を100とすると、相手から発せられる言語情報が7％、声の大きさや話す速さなどの聴覚情報が38％、相手のジェスチャーや表情などの視覚情報が55％となっています。7％しか通じていないなら、確認と繰り返しで念押しするのは当たり前です。

こまめに確認するクセをつけるのは、起業0年目からできることです。

本業で仕事を引き受けたときに、「何月何日の何時までに仕上げればいいのか」「わからないことは誰に確認すればいいのか」のように、細かいことも必ず確認しましょう。

資料の作成を頼まれたら、「どのような目的で使うのか」「どれぐらいのボリュームにすればいいのか」「気をつけたほうがいいことは何か」のように確認すること。

意外と、こういった小さなことは慣れてくるとおろそかになるものです。こまめに確認しておけばトラブルを未然に防げるのは言うまでもありません。「どうして確認しなかったの？」など、どちらかが言った、言わないの言い合いになったら時間を浪費するだけなので、自分と相手の双方のためにも、こまめに確認するクセを付けましょう。

それからもう一つ、こまめにやっておくといいのが「お礼」です。

私はお客様から入金があったとき、必ずお礼のメッセージを送ります。

どんな仕事でも、仕事が終了してから入金まではタイムラグがあります。

「このたびはありがとうございました」とお礼のメッセージを送ると、「そういえば、こういう案件があるんですがお願いできますか？」と、次の仕事につながることがあります。

お礼メッセージは長々と書く必要はなく、ほんの1、2行で十分です。それでも、お礼のメッセージを送るかどうかで、相手の印象は大きく変わります。

以前、私が企業の研修講師をやっていたとき、取引先から入金された後に「ありがとうございました。今後ともよろしくお願いします」とお礼のメールを送ったら、「そんなメールをくれる人はいないですよ。でもそこが大事なんですよね」という感じの、めちゃくちゃ長くて熱い返信が来ました。そこは大きい会社で研修講師も大勢所属していましたが、お礼のメッセージを送る人はあまりいなかったようで、こんな小さなことでも目立ち、印象に残るのだと気づきました。

このように、結果に大きく関わるのは、専門スキルの差よりコミュニケーションスキルの差です。「あの人にお願いしたらあんまりいい思いしなかったな」みたいな印象を持たれたり、相手を不快にさせたりしたら次はないので、致命傷になりかねません。どれもちょっとしたことですが、そのちょっとしたことの積み重ねで信用が生まれて、リピーターを獲得できます。

チェックポイント

しっかりと伝えたから通じている？

「こまめな繰り返しと確認」がコミュニケーションの基本。

起業で成功する人は、

起業0年目から
レスポンスの速さで勝負する

副業で納品した商品を気に入ってもらえなくて評価が下がるのは仕方がありませんが、コミュニケーションのスピードでマイナス評価になるのは絶対に避けたいところです。

起業0年目で何もスキルがなくても勝負できるのは、レスポンスの速さです。

誰かから問い合わせがあったら、すぐに「ご連絡ありがとうございます」「○○の商品をご購入いただきありがとうございます」のように、レスポンスを返す。メールが来て数分で返すのはムリでも、2、3時間で返したら十分に速いと思ってもらえます。

やはり、レスポンスが速いと「真剣に仕事しているんだな」と思われるので、リピーターにつながりやすくなります。

これは、私も実際にココナラで発注してみてよくわかりました。

初めて取り引きをする場合には、相手がどういう人かまったくわからないので、**いつ**

返事が来るのかがわからないのは本当にストレスです。その日のうちに返事がなかったら、それだけで相手への信頼度は下がります。「メールが届いていないのかな」などと、あれこれ心配しなくてはならないので、ムダにエネルギーを消耗してしまいました。そういう相手は、またお願いしたいとは思えませんでした。

すぐに正確な答えを返そうとする必要はありません。

もし検討に時間がかかる場合は、「申し訳ありませんが、今は手が離せないので、後ほどご連絡します」「検討しますので、少々お待ちください」などと、一言でいいので返します。最初のレスポンスが速ければ、それだけで相手は安心します。

返事を待つ側としては、24時間以上経つと「もしかして、返事が来ないのかな」と不安になります。目安としては24時間、なるべくなら日を跨がないうちに返すようにしましょう。これは日ごろから身に付けておくといい習慣です。

仕事が速い人は、一度見たメールやメッセージにはその場で返信しているようです。ほかの業務をしている最中にメールを読んだら、「忙しいから、返事は後で」となりますが、後回しにすると内容をもう一度読まなければいけないので二度手間です。だから、返信ができる時間帯に集中してメールを読み、片っ端から返信していけば、ムダな時間を削れます。

本業の仕事のメールもレスポンスを速くするように心がけていれば、副業でも活かされるでしょう。もし、あらかじめ対応できない日時がわかっているのであれば、「平日の日中は別業務があるので19時以降に連絡します」などとプロフィール欄に書いておくか、最初のやりとりで伝えておけば、相手も状況がわかるので心配しないで済みます。

なお、副業でのメールは、基本「このたびは商品をご購入いただきありがとうございます」のような定型文で十分です。

以前、テレビでＩｏＴ事業を展開するフォトシンスの河瀬航大社長が、パソコンの単語登録機能を使って素早く文章を入力するテクニックを紹介していました。

単語登録といえば、よく使う単語や変換するのに苦労する単語を登録するのが一般的な使い方ですが、河瀬社長は単語ではなく、よく使う文章を登録しています。

たとえば、「お」と入力するだけで「お世話になっております。フォトシンスの河瀬航大です」と出てくる。「ご」だと「ご連絡ありがとうございます」、「の」と入力すると

「昨晩は食事会にお招きいただき誠にありがとうございました。おいしい食事とともに貴重な時間を過ごせたことに心からお礼申し上げます」と出てくるそうです。

これらを組み合わせると200文字のメールを約9秒で打てると話していました。そのように、自分用のテンプレートを保存しておけば、いちいち入力する手間が省けます。

ココナラのようなサイトでは、迅速な対応をウリにしている出品者は多いので、レスポンスが2、3日かかるようでは、「ほかの人にお願いすることにしました」とキャンセルされても仕方がありません。それを防ぐためにも、返事はすぐにすること。

なお、急いでいても相手の名前を間違えるのは厳禁です。

急ぐあまりに失礼な文面になってしまうのもNGなので、あらゆる場面を想定して定型文を数パターン用意しておくと、スムーズにやりとりできます。

チェックポイント

「メールの返事は後で、ゆっくりと丁寧に」がいい？
レスポンスはスピードが命。

起業で成功する人は、
起業0年目から雑談力を磨いている

雑談というのは、できる人にはたいしたことではなくても、苦手な人にはとてもハードルが高いものです。

特別おしゃべりが上手である必要はありませんが、ある程度の雑談をできるようになっておくと、相手から話しやすいと思ってもらえます。

私も会社員だったころは話すのが苦手でしたが、起業してからさまざまな自己啓発セミナーに行き、そこで知らない人と強制的に会話をする機会がありました。

自己啓発セミナーでは、よく「隣の人と自己紹介し合ってください」「感想を言い合ってください」のような時間を設けています。すると、休憩時間も何となく会話を交わすようになり、名刺交換をするなどの交流が生まれます。

そこで場数を踏んで、いろいろな職業の方と会話をするうちに慣れていき、雑談も普通にできるようになりました。

おかげで、今は「倉林さんとは話しやすい」と言ってもらえます。

雑談力に関する本も読んでいましたが、やはり場数を踏むのが、一番効果があります。

後から振り返ってみると、やはり会社員のうちに雑談力のスキルを磨いておいたほうがよかったな、と思います。

セミナーで知り合った人と雑談をするトレーニングをするのもいいですが、会社ならまわりに大勢人がいますし、取引先や顧客とも会話をするので、雑談力を磨くのに、こんなにいい場はありません。

雑談ではネタが豊富にあることより、自分から話しかける度胸のほうが大事です。

雑談力の本では「天気や時事ネタが定番」という説もあれば、「天気だけでは話がもたない」という説もありますが、天気ネタでも何でもいいから、自分から話しかけてみる。

そして、相手から天気の話題を振られたら、話を合わせる。その繰り返しで雑談のコツがつかめてきて、人と何気ない会話をするのが苦ではなくなったら、雑談力は自然と上がっていきます。

第6章で詳しくお話ししますが、会話は自分が話すことより、相手の話を聞くことを重視しましょう。雑談も、自分がネタを披露するより、相手の話を引き出して話を合わせると、相手に気持ちよくなってもらえます。

異業種交流会などで、一人でいる人には、最初の一言は「どこから来たんですか」や「お仕事は何ですか」でいいと思います。

もし2、3人で話している人たちの話を聞きたいのであれば、「ご一緒していいですか?」と言ってみましょう。やはり、必要なのはテクニックよりちょっとした勇気です。

セミナーに参加したときは、「今日のセミナー、どうでしたか」みたいな感じで、まず相手に話してもらうようにすれば、何かしら話はつながると思います。

基本はニコニコして話を聞けばいいのですが、「はい」「いいえ」だけだと、話はなかなか盛り上がりません。ちょっとオーバーに「それ面白いですね!」と笑ってしまうとか、リアクションのバリエーションが多いと雑談でも話は盛り上がります。

また、雑談で相手の話を否定するのは基本NGです。

「最近、暑いですよね」

「そうですか？　今年は去年と比べると、まだ過ごしやすいと思いますが」

このように、初対面の相手に何気ない会話の内容を否定されたら、その瞬間に「あ、この人、ムリ」と思われるだけです。物事のとらえ方は人によって違うので、「ああ、この人はそう思っているんだ」くらいに受け止めながら聞くようにしましょう。

私も話すのは苦手なので、今でもいくつかのテクニックを駆使して雑談をするようにしています。場数を踏んで経験値を上げる努力も続けています。

仕事に関することは話せても、それ以外のことになるとうまく話せない人は多いものですが、経験を積めば何とかなります。

その経験を積むためにも、会社員のうちから意識してまわりの人と雑談してみたり、雑談が上手な人を観察したりしておきましょう。

チェックポイント

話し下手だと諦めていませんか？
雑談上手は聞き上手。雑談力は経験値でカバーできる。

起業で成功する人は、
起業0年目から相手の立場や意見を尊重する

社会人経験が長くなると、つくづく実感するのは、相手の話を否定することで得られるメリットなど何一つない、ということです。

クレーム対応でも、相手の話を否定せずに、「それはご不便をおかけしました」「大変な思いをさせてしまいましたね」と、受け止める姿勢を示すのは基本です。

「それは、あなたの感想ですよね？」などと論破するのはもってのほか。それはテレビに出ている著名人だから許されるキャラで、普通の人が仕事でそんな態度をとったら敵をつくるだけです。

起業したら、どんなときでも自分の意見を通さないと相手になめられるとか不利な立場になってしまうと思っているのなら、大きな間違いです。

会社員は毎日同じメンバーと仕事をしますが、起業をするとさまざまな職業、立場、年齢の人とそのつど仕事をすることになります。

仕事を依頼してきた人が自分より年下であっても、自分のほうが知識や経験があっても、相手を尊重する姿勢が大事です。

起業したばかりで経験が浅く自信がないと、お客様に何か言われたときに「いや違います」と否定してしまうこともあります。たとえ自分の考えが正しかったとしても、お客様は不快感を抱くので、次の仕事はまず来なくなるでしょう。

とはいっても、お客様がもし間違っていたら、訂正しないと後々こちらが困る状況になる場合もあります。相手の意見に異をとなえる場合は、言い方を工夫すると悪い印象を回避できるので、ぜひ覚えておきましょう。

まず、必ず敬語を使うこと。そして、イエスアンド法を使います。

これは営業職の人などはご存知の手法だと思います。

お客様から「こういう話を聞いたんですけど」と言われたときに、「確かに、そういう考え方（見方）もありますよね」とまず肯定をします。そのうえで、「ちなみにこういう意見もありますよ」ぐらいのトーンでさらっと自分の意見を伝えます。

自分の意見が絶対に正しいと主張するのではなく、「個人的には、こういうことを考えています」と伝える程度にとどめておけば、相手は不快には感じません。

もし相手が自分とは違う意見を採用したとしても、「そういう考えもあるよね」と受け止めましょう。

とくに、ココナラに出品したばかりのころは、お客様は年上で業界歴が長い人が発注してくるケースが多いので、相手は「私のほうがよく知っている」という感覚を持っています。

そういう場合も、「そういう考えもあるんですね。勉強になります」と受け止めて、「ほかにこういう意見もあります」「私はこういう考えなんですけれど、いかがでしょうか」のように、やわらかいニュアンスで伝えると、トラブルを防げます。

ちなみに、似たようなテクニックにイエスバット法というものがあります。

こちらはいったん「そうですね」と受け止めた後、「しかし……」「でも」と違う意見を言う手法で、イエスアンド法よりも強く自分の意見を主張する印象になります。**必要に応じて使い分ければいいのですが、イエスアンド法を使うかイエスバット法を使うか**

は、意識しておきましょう。

相手を尊重するのは、それこそ会社員のうちからできることです。上司にも部下にも同僚にも、それぞれ考えがあり、立場がある。取引先や顧客も同じです。相手を強引に説き伏せて、こちらの言い分を認めさせても相手に恨まれるだけで、いいことは何一つありません。

相手の立場や考えを尊重するためにも、まずは相手の意見を聞いてみること。相手から無理難題を言われたとしても、何か事情があるかもしれないので、「それはムリです」と否定する前に相手の話を聞いてみると、思わぬ解決策が見つかるかもしれません。

チェックポイント

自分の意見は本当に正しい？

相手の意見を否定せず、受け止めるところから信頼関係は生まれる。

起業で成功する人は、

起業0年目から相手の役に立つことを常に考える

私が会社員だったとき、社内でブログが流行っていて、たまにお役立ち情報をシェアしていました。読んで面白かった本やネットメディアの面白い情報などを書き込むと、社内で喜ばれました。本を紹介するときは、書名と著者名、簡単な感想と一緒にAmazonのリンクを載せました。ほかの社員も本を紹介していましたが、リンクは載せていなかったので、それだけで「本の詳細をすぐに知ることができる」と喜ばれました。

そのように、常にまわりの役に立つことを考えて行動していると、相手の印象に残りやすくなります。

優秀で読書家の課長がいて、ブログでその人が紹介した本を読んで「この本、読みました。面白かったです」と感想を伝えたところ、プロジェクトのメンバーを決めるときに声をかけてもらったこともありました。やはり、自分の書いた文章に反応があると嬉しいので、それも相手を喜ばせることだったのでしょう。

私は、今もお客様の役に立ちそうな情報は積極的にシェアしています。

「言われたオーダーとは違いますが、こういうサービスもありますよ」などと、相手が知らなかったことや相手のビジネスに役立ちそうな情報を伝えると喜ばれます。「最近、Facebookの広告だとこういうのが流行っていますよ」とFacebookでシェアしたら、それを読んだ知人から「うちの広告をつくってください」と言われたことがありました。

情報はできるだけ出し惜しみせず、自分の損得を考えずに発信すると、相手に信頼されるので結果的に大きなメリットを得られます。

ただ、自分にメリットがあるから相手の役に立とうとするのではなく、相手の役に立とうとしたら、巡り巡っていつか自分にもご利益があると考えるぐらいがちょうどいいと思います。自分の利益を第一に考えていたら、それは相手にも伝わり、親切にしたこともあまり喜ばれないかもしれません。

ビジネスでは「お客様の役に立つことを考えよう」というのは「基本のき」で、どんな職種でも最初に教わるのではないでしょうか。

それでも、実践し続けるのは難しいものです。

ビジネスを継続するには売上などの数字を考えなくてはならず、上場しているなら株主のことも考えないといけません。いつの間にか、そちらが重要になってしまい、お客様は二の次になってしまうのです。そうなると、効率を重視するあまりにサービスが低下していったり、よからぬことを隠蔽《いんぺい》したりするようになります。

それは一人起業家でも同じです。

副業の場合、「どうせ副業だしな」と思った瞬間に商品の質が落ち、コミュニケーションもおろそかになるでしょう。

自分にとっては副業でも、お客様は何か困ったことがあって依頼してくるのです。お客様には本業も副業も関係ありません。

ですので、副業でも全力投球するのは当たり前。

「しょせん、3000円だし」と線引きする人は、ただの作業屋さんになってしまいます。

「画像を3枚つくって納品して、はい終わり」だとリピートもなく、紹介もしてもらえず、お客様が増えないといつまで経っても値上げができないので、本人もつまらないでしょう。

お客様に喜んでもらえたら数字はついてくるので、起業してもきっとうまくいきます。

もし、初心を忘れそうになったら、ビジネスの主役はお客様であって、自分ではないのだと思い出してください。**お客様が輝くために自分のビジネスがあるのだと考えると、副業の取り組み方も変わってくるはずです。**

Web広告の場合、お客様の会社の売上がアップしたら喜んでもらえます。そのために、どのような画像を使って、どのようなキャッチーなフレーズを入れれば効果的なのかを必死に考えます。そしてお客様に「いい広告ですね」と評価していただいて、さらに売上にも結びついて喜んでもらえたら、「次もお願いします」となります。

そうやって固定客が増えるとビジネスは安定するので、ゆくゆくは成功を手に入れられるのです。

チェックポイント

仕事するのはお金を稼ぐため？
人の役に立つことを考えていれば、
ビジネスは大きく成長する。

起業で成功する人は、起業0年目から背伸びをしない

未経験の状態で副業を始めるとき、経験があるかのようにふるまってしまいたくなるかもしれませんが、そんなことをする必要はありません。

いつでも等身大でいるほうが、自分のためにもお客様のためにもなります。

会社員の人だったら、「今、起業の勉強中です」「満足していただけるまで頑張ってやります」とプロフィールに書いてもいいと思います。それだけで誠実な姿勢が伝わってくるので、「お願いしてみようかな」という人が現れます。

最初のうちは実績もなく不安なので、ちょっと大げさに「自分はこの分野は得意です。詳しいです」と、半分ハッタリというか、自分を大きく見せたがる人がいます。

しかし、経験がないと引き出しがないので、お客様から相談やクレームがあっても対

応できません。商品も、お客様が満足できるレベルのものを提供できなかったら、一気に信用を失います。

お客様からの評価は低くなり、それが繰り返されると誰も発注しなくなります。

ココナラで評価がよくない人のコメント欄を見ると、「ここまでやってくれると思って発注したのに、やってくれなかった」みたいな認識のずれやコミュニケーションギャップが多いようです。

それは、ある程度は避けられないと思います。だからそのつどコミュニケーションをとって、何かずれているなと思ったら「作業範囲はここまでです」「ここから先はできません」とはっきり言わなければなりません。

そのへんがきっちりできる人は伸びていきます。

いったん自分を大きく見せてしまうと、マイナスの報告がしづらくなってしまいます。

作業を進めていく中で、できないことやわからないことがあっても、お客様に言えなくなってしまうのです。そうすると作業が進まないまま、時間だけが過ぎていきます。

お客様から催促が来て、蓋《ふた》を開けてみたら全然できていませんでした……となると、大きなクレームになります。

以前、ココナラで小冊子の表紙画像をつくってくれる人を探したら、「3日間でできます」と言われたので発注したのですが、2日間連絡が来なかったことがありました。ようやくデータが送られてきたものの、こちらの指示と違ったので修正することになり、ギリギリ3日目が終わるタイミングで最終データをもらえました。

クオリティ的にも大満足というわけではなく、本当はもう一度修正をお願いしたくても、納期になったので「まあ、これでいいか」と諦めた感じです。

「間に合ったからいいじゃないか」と相手は思っているかもしれませんが、残念ながら、またお願いしたいとは思えませんでした。

「3日間で」と言っているなら、次の日には一度ラフを確認させてもらえるだろうと思っていたのですが、何も連絡がないと、「本当にやっているのかな」と不安になります。

そういうやりとりも含めて、まだ慣れていない人なのかな、と感じました。それなら「初心者だから不慣れな点もあるかもしれません」とプロフィールに書いておいてくれれば、こちらもそのつもりで依頼したのに、と思います。

心配しなくても、誰でも最初は初心者です。

そこから経験を積んで専門家になっていくので、焦らずにそのプロセスを歩んでいくしかないでしょう。

最初から専門家ヅラをするとトラブルを招くばかりで、何一ついいことはありません。

経験がないことはすぐにバレてしまうので、できること、できないことをはっきり伝える姿勢のほうが、お客様からは信頼されます。

ココナラは同じぐらいの料金で、同じぐらいのスキルの人が集まっている場なので、やはりいい印象を残せたかどうかでリピート率は変わってくるのだと思います。スキルはいくらでも磨いていけるので、信頼を失わないことのほうが大切です。

チェックポイント

見栄《みえ》やハッタリで背伸びしていませんか？

専門家ヅラをすると損をする。等身大でデビューしよう。

第6章

人脈ゼロから始める集客、営業法

起業で成功する人は、

起業0年目から人脈を大事にする

もし、今の会社で人間関係がうまくいっていなくて、「会社を辞めたら一切関係を断とう」と思っているとしたら、ちょっと冷静になりましょう。

私は会社員時代の人脈はほぼすべて切り捨ててしまったのですが、「もったいないことをしたな」と何度も後悔しました。

起業したら取引先は必ず必要になります。

もし今の会社との関係が良好なら、最初の取引先が今の会社になる可能性もあります。最初の取引先にはならなくても、何かの折に「こういう仕事を頼みたいんだけど、やってくれる?」と連絡をもらえるかもしれません。

どんなに能力が高くても、いい関係を築けていなかったら、仕事を頼もうとは思ってもらえないでしょう。

ですので、よほどのブラック企業でないなら今の会社の人に応援してもらって辞めるのがベストです。

会社ではさまざまな企業とやりとりしながら仕事をするので、それもすべて人脈となります。もし、いい辞め方をしなかったら、「あいつはちょっと社内では問題があって」などと、今の会社の人が取引先に悪口を吹き込む可能性もあります。そうなったら、起業後にその取引先に営業をかけても相手にしてもらえなくなるでしょう。

やはり、今の会社にいる段階から、「いい評判」をいかに残すのかを考えておくと、起業後の自分を助けることになります。

私の今の仕事はWeb広告の運用がメインですが、基本的にリアルな場でのつながりで顧客を獲得しています。

オンラインの仕事だから、すべてネットで集客できるのだと私も思い込んでいた時期があったのですが、ネット経由での仕事の依頼はこれまでのところありません。

今の顧客の100%が、リアルで会った方か、その方からの紹介です。

私は今でも勉強のためにセミナーに通っているのですが、そこで知り合った方のビジネスの相談に乗っていると、「うちもお願いしたい」となります。
たとえ1回でもリアルで会って話をした人と、ネットでやりとりするだけの人と、どちらを信頼できるかと言ったら、間違いなく前者でしょう。

私のマーケティングの師匠でベストセラー作家でもある今井孝さんは、以前、年に1、2回、300人くらいの参加者をセミナーで集めていました。そんなに大勢の人をどうやって集めているのか、「どこかで広告でも出しているのかな」と謎だったのですが、個別に連絡しているだけだと教えてもらいました。

これまでセミナーに参加した方に個別にメールか電話で連絡して、「またセミナーを開くので、よかったらご参加ください」「ほかの方にも声をかけてくださいね」と呼びかけているそうです。

今井さんはベストセラーを何冊も出してファンも多いのに、それでも個別に連絡をしているのだと知り、驚きました。

ほかにも、相当稼いでいる一人起業家の方でも、各地でイベントや交流会を開いている方は大勢います。イベントの後に懇親会を開いて、参加者と直でやりとりすることで仕事につながるケースが多いので、リアルな場で人脈を築いているのです。

一つ一つはごく当たり前のことですが、それを何年もずっとやり続けるのは簡単ではありません。一流の人ほど、こまめに「当たり前」をやり続けているのです。

それなら、私たちが個別に連絡をするのは当たり前。嫌でも何でも、「今度、こういうビジネスを始めました」と連絡して、仕事を取っていくしかないのです。

そのためにも、今の人脈を大事にしましょう。

将来、自分の顧客になるかもしれないと思えば、まわりとのコミュニケーションのとり方も変わっていくのではないでしょうか。

チェックポイント

会社は辞めてしまえば関係ない？
いい人間関係は一生の宝。

起業で成功する人は、
起業0年目から プロフィールのつくり方がうまい

起業前から、ある程度人脈があったほうがいいのは確かです。ですので、まず今の自分の人脈リストをつくってみましょう。

その人脈リストとは、起業してからもおつきあいできそうな人です。今の会社の人、取引先の人のほか、異業種交流会などで知り合った人など、思いつくだけ書き出してみます。

そうすると、ほとんどの方は「それほど人脈がないな」と気づくのではないかと思います。

そういう場合も、安心してください。

ここまで紹介してきたココナラやクラウドソーシングサービスに登録すれば、仕事を受注できます。そこでやりとりした人が人脈になっていきます。

リアルで会うことはないかもしれませんが、自分のリピーターになってくれたら立派な人脈です。

それとあわせてセミナーなどに参加してリアルの場での知り合いを増やしていけば、人脈は広がっていきます。


起業して一人で事業をしていくには、最初の一歩として「イケてるプロフィール」が必要になります。


プロフィールで「この人にお願いしてみよう」と思われないことには受注につながりません。

ですので、読んだ人に刺さるような文面を考えましょう。

これはココナラに限らず、仕事を受注できるほかのサイトでも、FacebookやInstagram、noteでも自分のホームページでもプロフィールは大切なので、次の点を参考にしてみてください。

◎プロフィールの画像

どのサイトでもプロフィールの画像を自分で設定できますが、できれば自分の顔写真を使うか、それが無理なら似顔絵を使うと受注率が上がります。

仕事としてお願いしたい人が集まるサイトでは、アニメのアイコンやそのサイトが用意したアイコンを使っていると、本気度を感じられません。

実際に、私の塾生でも、ココナラで最初はアメリカの映画のキャラクターをアイコンにしていたのですが、それを若い男性の似顔絵に変えた瞬間に問い合わせが増えた実例があります。

顔写真も、アップではなくても小さく映っている画像や、背中を映した画像を使っている人もいますが、アニメやキャラクターのアイコンよりは信頼度が上がります。

◎実績のアピール

実績を入れるのは必須ですが、長すぎず、短すぎずの文章が最適です。

あまり今までの経歴を長々と語っていると、却って自信のなさが伝わってしまうので、ちょうどいい塩梅《あんばい》を目指したいところです。ほかの人のプロフィールを見て、参考にしてください。

なかには、会社にバレずに副業をする人もいますが、そういう場合でも今まで自分がどのような仕事をしてきたのかを知られないように紹介することはできます。

それでは、社会人になりたてで、実績のない人はどうすればいいのか。

そういう人は、ありのままを書けばいいと思います。

「初めての出品なので不慣れなことも多いと思いますが、お客様に満足していただけるように全力で取り組みます」

「社会人としての経験は浅いのですが、精いっぱい対応いたします」

そのように書いておけば、「応援するために依頼しよう」と思う方もいるので、意外と受注できるものです。

なかには、「私が初めての依頼主ですね！」と喜んでくださる方もいるので、経験や実績がないことは隠さずに伝えてもまったく問題ありません。

回 人となりがわかることを入れる

仕事のやりとりをするサイトであっても、作業のことしか触れないと無味乾燥なプロフィールになってしまいます。

顔を合わせずにやりとりするからこそ、出品する人の「人となり」が伝わるような文面にしたほうがいいと思います。

「犬が好き」「たまご料理が大好きで1日10個食べることもあります」「北海道在住です」のように、プライベートに関係することを少し入れると、親近感を抱いてもらえます。

また、ポリシーや自分なりの考えを書いてもいいでしょう。

私の受講生に、「お客様の思いを形にします」とプロフィールに書いた方がいます。抽象的な表現ですが、そういう一言があるのとないのとでは、印象がまったく変わります。

「お客様の時間をムダにしないために、効率化を心がけています」

「今の時代は、こういう戦略が必要です」

のように自分なりの考えを入れると、信頼してもらえると思います。

回 できることとできないことを明確にする

ここまでは作業できます、ここから先はできませんなどと、作業範囲や作業時間を書いておくと依頼されやすくなります。

「修正は3回まで」

「平日は会社勤めをしているので20時以降の対応になります」

「土日は対応しておりません」

のように書いておくと、相手が選ぶときの判断基準にできます。

回 スケジュール

依頼を受けてから納品までの流れと、どれぐらいの日程でできるのかも入れるべき情報です。


ヒアリングで2営業日、ラフ案で3営業日、本デザイン案で5営業日、などのように。

プロフィールにあらかじめ書いておくと、依頼してからの手順がわかるので、相手は頼みやすくなります。


プロフィールをつくったら、何人かの知り合いに読んでもらうとよいです。

「わかりづらい」「これだと頼みづらい」などの率直な意見を言ってもらって、それをもとに練り直したら、読んだ人が魅力を感じる文面になるでしょう。

【ココナラのプロフィール（下手な例とうまい例）】

□下手な例（具体性がない）

画像編集、動画編集、音声編集、文章執筆や校正など、実用的なサービスを幅広くご提供できます。

○○と申します。
私は、趣味である社会人コーラスの活動を通じて、さまざまなチラシやパンフレットなどの印刷物をつくって参りました。

毎年、作品に合わせたデザインを考えて作成しています。

また、演奏会のようすを撮影したり、編集したりという経験から、動画編集や音声編集も得意になりました。

文章執筆や校正も得意ですので、印刷物の作成や広告などで、何かお困りごとがあれば気軽にお問い合わせください。

このプロフィールを見て、何かをお願いしたいと思いますか？

いろいろ幅広くできるのは素晴らしいのですが、どれもぼやっとしていて、いったい何ができるのかがよくわかりません。これではお願いしにくいですよね。

つい「あれもこれもできます！」とアピールしたくなる気持ちはわかりますが、読み手にはまったく伝わりません。

◎うまい例（具体的でわかりやすい）

【最短3日】SNS広告（Facebook、Instagram）用の画像を3枚つくります！

◯◯と申します。

ただいまSNS広告（Facebook、Instagram）を学ぶためスクールに通っています。

実績を積みたいので、モニター料金で対応させていただきます！

納期は、お客様からご希望をうかがってから最短で3日となります。

平日は会社に勤めていますので、平日19時〜22時と、土日の日中に作業いたします。お急ぎの場合はあらかじめお教えください。柔軟に対応させていただきます。

修正回数は3回までとさせていただいていますが、ご満足いただけなかった場合は全額返金いたします。

私が作成したサンプルも載せておきますので、ぜひご検討ください！

《趣味》
社会人コーラスを20年やっています。昨年は紅白歌合戦でバックコーラスをつとめました！

経験は浅そうですが、「ちゃんとやってくれそう」な感じがしませんか？

このように、経験が浅いのならそれを隠さず書くのがおススメです。隠したって読み手にはバレますからね。

また、「これができます」「これはできません」と具体的に書くのがおススメです。

とくに、できないことははっきりと書いておきましょう。

そのほうが「責任をもってこの商品に取り組んでいます！」という姿勢が伝わるからです。

チェックポイント

プロフィールは目立たず無難なほうがいい？

プロフィールはファン獲得の最初のチャンス。埋没したら終了。

起業で成功する人は、

起業0年目から異業種交流会で売り込まない

人脈づくりの定番の場が、異業種交流会です。

私も昔は行っていましたが、利用の仕方を考えないと、名刺を配って終わり、になってしまいがちです。

当然、異業種交流会には自分を売り込みに行きますが、参加している人はみな同じ目的です。だから、みんな自分のアピールしか興味がなくて、こちらには興味を持っていないわけです。

そこで、私は自己紹介や商品の紹介の練習の場だととらえていました。

名刺交換をした相手に、「自分は今、こういうビジネスをやっていて」と軽く紹介したときに、相手の反応が鈍かったら、その商品にはおそらく需要はありません。

私は、起業して間もないころは、それまでしていたシステムエンジニアとは違う仕事をしようと、あれこれビジネスを考えていたのですが、それを伝えても「へえ」というぐらいの反応しかありませんでした。

ところが、Web広告の仕事をするようになってからは、「FacebookやInstagramの広告を使って集客のサポートをしています」と自己紹介すると、多くの人が「え、いいですね。僕がお願いしてもやってもらえるんですか?」のように食いついてきます。

自分が考えているビジネスが本当に世の中に求められているのかどうかを探るために、テストマーケティングする場として異業種交流会は最適です。

ただ、そこで好反応をもらえても、「それじゃ、近いうちに会って詳しい話をしましょう」のように話を詰めることはありません。

相手から「詳しい話を聞かせてください」と求められたのなら話を進めますが、自分からガツガツ行かないほうがいいと考えています。

なぜなら、営業は大事ですが、自分から売り込んでも成約に結びつくことはほぼないからです。

相手から前のめりに来られると誰でも引いてしまいます。その場では話を合わせても、本当はそれほど興味がないかもしれません。それどころか、興味があってもグイグイ来られると、「この人、ヤバそうだな」と思われる可能性が大です。

したがって、その場では相手にいい印象を持ってもらうのが第一で、その後はFacebookなどでつながり、半年ぐらいかけて信頼関係を築いていきます。

この「半年ぐらい」という気長な戦略はとても重要です。

名刺交換をした相手には、その日のうちか翌朝には、「今日の交流会でお会いした倉林です。楽しい時間をありがとうございました」「Facebookでもぜひお願いします」と短いメッセージを送りますが、そこでも売り込んだりはしません。

Facebookでは相手が投稿したら「いいね！」を押したりコメントをつけたりするぐらいです。そうやって距離を縮めていくと、相手から「仕事をお願いしたい」と依頼してもらえます。

これが見込み客を顧客に変える、私なりの方法です。

そういう地道なやり方ではなく、「すぐに成約に結びつく方法を知りたい！」と思う方もいるかもしれませんが、長くビジネスを続けたいなら、信頼関係を築くほうが確実な方法です。

やはり、「仕事を受注できさえすればいい」と焦っていると相手にどうしても伝わりますし、警戒されます。

異業種交流会では「仕事につながればラッキーだな」ぐらいに考えて、交流を純粋に楽しむほうが、結果的にうまくいく気がします。

チェックポイント

焦りが顔に出ていませんか？
余裕がなくても余裕を持とう。まずは深呼吸。

起業で成功する人は、

起業0年目から話し上手より聞き上手

「話し上手は聞き上手」「聞き上手はモテる」とよく言われますが、実際に聞き上手を実行できている人はどれぐらいいるでしょうか。

相手の話を聞かなければと思っていても、異業種交流会のように自分を売り込む場では、いかにうまく話すか、相手に話を聞いてもらうかばかりに意識がいってしまいます。

しかし、前述したように自分から売り込まないほうがビジネスにつながります。

ですので、相手の話をひたすら聞くことに徹するほうが賢明です。

異業種交流会でも、名刺交換をしたら相手の肩書を見て、「お仕事は○○○なんですね。どのようなお仕事なんですか？」と、こちらから話題を振ります。そして、相手がひとしきり話してから、「○○さんは、どのようなお仕事をされているんですか？」と聞かれたら、自分の仕事について話します。くれぐれも、名刺交換をしてすぐに、「自分はこういうビジネスをしています」と自分語りを始めないように。相手は自分の話を聞いてもらいたがっているので、先に話し出すと、いい印象を持ってもらえません。

塾生には「相手の話8：自分の話2」ぐらいで話を聞くようにアドバイスをしています。ムリに話そうとしなくても、相手の話を聞いているだけで好感度は上がるので、とくにコミュニケーションが苦手な人は聞き役に徹するのをおススメします。

ただ、相槌を打っているだけではなく、合間に「それはどういうサービスなんですか？」「今までどれぐらい売れているんですか？」のように質問をすると、相手は気持ちよく話せます。それだけで、「また会いたい」と思ってもらえる確率はグッと高くなるのです。


もし、相手の話していることが自分のビジネスでできそうなことだったら、「私はこういう商品を提供しています」と提案してもいいと思いますが、その瞬間に「売り込まれている」と相手は感じるかもしれません。

その場で提案しなくても、後日改めて「こんなビジネスをしていますので、これからもよろしくお願いいたします」とメールなどで挨拶をしたときに、相手に「自分の困りごとはこの人に頼めば解決できるんじゃないか？」と思ってもらえたら大成功です。なかには、自分のビジネスとは関係がなさそうな相手だとわかったとたん、話を切り上げて去っていく人もいますよね。二度と会わない人であっても、いい気持ちはしないものです。

10人の後ろには100人のお客様がいると言われています。一人の後ろには10人のお客様がいる計算になるので、目の前の一人は大切な存在です。どこでビジネスに結びつくかわからないので、相手が誰であれ、その場では話を聞くことに徹したほうがいいと思います。相手の話を聞きながら、「自分のビジネスと結び付けられないかな」と考えるのはいい脳トレになるので、ムダになる経験は一つもありません。

「一期一会」という言葉もあるように、今目の前にいる人との出会いを活かすのも活かさないのも、自分自身の心構え次第なのです。

ところで、相手の印象に残るためには、自己紹介も大事です。

異業種交流会は大勢の人がおしゃべりするざわざわしている場なので、長々と経歴を話しても、相手は真剣に聞いてくれません。

そこで、つかみのキーワードをいくつか用意しておくのがコツです。

アメリカのシリコンバレーでは、起業家が多忙な投資家をつかまえて、エレベーターに乗っている15～30秒の間にプレゼンする「エレベーターピッチ」という手法があります。エレベーターピッチのように、数十秒で印象的な自己紹介をしましょう。

私はたまご好きを公言しているので、「一日10個たまごを食べます」と言うだけで、相手は「えっ、そんなに食べてるんですか？」と驚き、記憶にバッチリ残ります。

ほかにも、「ゴルフが趣味です」「神社参拝が趣味です」というつかみから、話が弾むこともありますし、「埼玉県熊谷市から来ました」と言うと、日本一暑い場所としてよく報道されているので、「ああ～、あの熊谷」と反応してもらえます。

私の知り合いは、「僕は家にメダカが１０００匹います」というパワーワードを持っています。そのように、経歴よりも「面白いネタ」で記憶に残ると、その場限りで終わるのではなく、その後も交流を持てるようになります。

チェックポイント

聞いているフリができていると思っていませんか？
話を聞くときは全集中で！

起業で成功する人は、

起業0年目から自分に合ったSNSを選ぶ

副業を始めて余裕が出てきたらチャレンジしてほしいのが、ＳＮＳの使い分けです。

といっても、副業を始めたばかりの人にＳＮＳで依頼をしてくる人はほとんどいないでしょうが、コツコツと投稿することで自分の存在を知ってもらえれば、いつか受注につながるのだと信じて情報発信を続けてください。

ＳＮＳはFacebookかInstagramのどちらかを使えばまずは十分です。

以前はすべてのＳＮＳを使いこなすのをよしとしていましたが、今は住み分けができているので、自分にとっての見込み客がいるＳＮＳで情報発信をするのが効果的です。

たとえば、Ｘ（旧Twitter）はユーザーに若い世代が多く投稿数が多いので、せっかく情報発信しても埋もれてしまいがちです。

Facebookは原則実名で登録しなくてはならないので、匿名で使いたい人は敬遠します。

ですので、実名でマジメな投稿をする人が多く、経営者や著名人が真剣な情報発信をするために使っています。利用者も30〜40代がもっとも多く、次が50〜60代なので、副業でオンラインビジネスをする人にとってドンピシャのターゲットがいる場でもあります。Instagramは10〜20代が多く、次に30代、40代なので若者向けのSNSですが、女性の起業家の利用率が高いので、その層に向けて情報発信をするのに適しています。私の塾生の女性は、ココナラで女性の起業家から受注が続きました。そこで、Instagramで女性の起業家に向けてコツコツと情報発信をしています。そのように見込み客に合わせて情報発信をすれば、興味を示す人に見てもらえる確率は高くなります。

仕事を受注するためのSNSの投稿と考えると、ビジネスの前向きな情報を発信する人が多いのですが、それはあまりおススメしません。

たとえば、「Webで集客するための方法」とか、「モチベーションアップするための仕事術」など。たまに投稿するのならいいのですが、毎日のように投稿していると、「なんか必死に集客しようとしているな」と思われて、却って敬遠されてしまうものなのです。

10年ぐらい前に、朝4時半にFacebookで前向きな名言を投稿するのが流行りましたが、それを見て「この人に仕事をお願いしよう」とは思えないでしょう。

今は情報発信する人の「人となり」がわからないと依頼してもらえません。

そこで、私は8割をプライベートの話題、2割をビジネスに関する話題にしています。ビジネスの話をマジメにするより、読む人に親しみを持ってもらうほうが、仕事につながりやすいと実感しています。

前述したように、私の場合、「こんなお店でたまご料理を食べました」とたまごネタを投稿したり、観光地で顔を入れて写真を撮る穴あきパネルに自分の顔を入れた写真を投稿したりしています。面白い写真をせっせと投稿して、相談しやすい印象を与えて親近感を抱いてもらうのが狙いです。かといって、プライベートの話ばかりだと、「この人、何の仕事をしてるんだろう？」と思われるので、ビジネスの話とのバランスは大事です。

なかには、政治や経済の難しいテーマを投稿している人もいます。それがその人のカラーに合っていて、ファンがいるのならいいと思いますが、ビジネスの依頼はしづらいかもしれません。

見逃しがちなのは、ビジネスに関する投稿をするときは、コメント欄などに自分のセミナーの案内やメルマガのリンクなどを載せておかないと、受注に発展しないという点です。どんなにいい情報を書いて投稿しても、読む人に「いい話だな」と思われて終わりだと、投稿している意味がありません。

もちろん、その投稿で自分への好感度が上がるのならいいのですが、「無料でお得な情報をくれる人」と思われると、お金を払ってまで情報を得たいと思ってもらえないので、ビジネスに発展していかないのです。

ですので、「こういう悩みのある方は、ぜひセミナーにご参加ください」と自分のビジネスに誘導したり、ココナラに出品している商品を紹介したり、無料のメルマガへの登録を促したりして、自分にメリットがあるようにするのが基本です。

劇的に受注が増えるわけではありませんが、少しずつ集客できるようになって、売上も増えていきます。

チェックポイント

SNSには自分の書きたいことを書けばいい？
相手の読みたいものを書くのがコツ。

起業で成功する人は、

起業0年目から相手の頭の中を整理する

優れたコンサルタントは、クライアントの話を鵜呑《うの》みにしないと言われています。

なぜなら、人は必ずしも自分が本当は何をしたいのか、何を求めているのかを理解しているとは限らないからです。

私もお客様とやりとりするときは、相手の依頼内容が本当に求めていることなのかどうかを確認するようにしています。

たとえば、「ホームページをつくってほしい」という依頼があったとします。

「わかりました。どんなホームページがいいですか？　画像が多めのデザインがいいですか？」のように話を進めると、途中で「こういうのじゃないんだよね」と相手が不満を漏らしたりする場合もあります。

これは、相手の目的を聞かないのが原因です。

「どうしてホームページをつくりたいと思ったんですか？」と尋ねて、「PR動画をたくさん掲載したいんだよね」と相手が答えたなら、「それはYouTubeで自分のチャンネルをつくればいいいんじゃないですか？」となる場合もあります。

このように、本人が望んでいるのとは別の提案をしたほうが、相手のお困りごとを解決できることも多々あります。それによって仕事の話が流れたとしても、相手に誠実な人だと思ってもらえれば、何かの折にきっと依頼してもらえます。

ムリに引き受けて、たとえお金をもらえたとしても途中で相手ともめることになったら、お互いに後味が悪いだけで、二度と仕事の依頼は来ないでしょう。

だから、最初の段階で相手の話を鵜呑みにせず、話を聞きながら相手の頭の中を整理すると、リピーターになってもらえる確率が上がります。それも人脈をつくるための方法の一つです。

ココナラで3000円の商品を受注したときも、相手の目的を聞くのは大事です。**どんなに安い商品でも、これはおろそかにしないほうがいいと思います。**

画像制作を引き受けるとき、「この画像を何に使う予定ですか？」と尋ねると、相手は

「Facebookの広告で使いたい」と答えるかもしれません。

もし、その商品のターゲット層とFacebookの利用者層がずれているなら、「若者向けの商品なら、Instagramのほうがいいと思いますよ」と提案したら喜ばれるでしょう。

もしくは、Web広告を出したいと言っているものの、どんな商品で広告を出したらいいのか迷っているのなら、「同業他社ではこんな広告を打っていますよ」とアドバイスしたら、相手の目的がはっきりしてくるかもしれません。


私は「これは絶対お買い得ですよ」と売り込むこともなければ、商品に無理やり誘導することもありません。それでも高額商品（起業塾）は売れています。

たとえば、その起業塾をPRするためのセミナーを開くと、その起業塾に興味がある人が集まってきます。

セミナーでは、その起業塾がどんな人に向いているのか、どんなことができるのか、ライバル起業塾との違いは何かなど、選び方の基準を教えています。それをすると、「何を選べばいいのかわからない」と思っている人の頭を整理できます。

必ずしもすべての参加者が私の起業塾に向いているわけではないので、合わないと思ったらお断りすることもあります。

さらに、その商品のサポート期間、金額や支払い方法などを伝えて、最後に「今回はどうしますか？」と確認します。

参加者が「今回は見送ります」と言ったら、「そうですか。必要になったらご連絡ください」と受け止めるだけ。それでも直接やりとりをしたので、つながりはできています。

相手の頭の中を整理するのは、最初から簡単にできる方法ではないかもしれませんが、起業0年目から意識していると、起業してから必ず役に立ちます。

チェックポイント

言った言わない論争はどう防ぐ？

誤解されないためには何度も確認しよう。

起業で成功する人は、

起業0年目から困った人とはつきあわない

起業前から覚悟しておいたほうがいいのは、起業したらお金関係のトラブルは避けられないという点です。

料金の未払いは「起業家あるある」の一つで、起業家が必ず通る道だと言えます。

私もWeb広告の仕事を始めて間もないころ、コーチング業界では有名な海外の先生の案件を引き受けることになりました。それは知り合いからの紹介で、大きな案件だから喜んでいたのですが、私の経験が浅くて集客で成果を上げられず、それが不満で料金を一切支払わないと言われました。

しかし、その仕事は成功報酬ではなく、業務を遂行したら報酬を支払われる契約でした。

私は何度も何度も日本法人に「支払ってほしい」と訴えましたがスルーされ、本来は20万円もらえたはずなのに結局1円も支払ってもらえませんでした。この経験から、初期費用として一部の料金を先にいただくようになりました。たとえ初心者であっても、それが初仕事であっても、仕事をしたからには報酬をいただくのは当然の権利です。

副業はフリーランスと同じ立場になるので、立場は弱くなります。

会社員だと、新入社員であっても「組織の一員」となるので、取引先もそれほど失礼な態度はとらないでしょう。しかし、ココナラなどのビジネスは肩書が何もない人が仕事をしているようなものなので、足元を見てくる相手もいるかもしれません。

もし、何かしら理由をつけてお金を支払わないのなら、サイトの運営会社に相談したり、相手と交渉したりしてお金を回収しなくてはならなくなります。それも起業家としてやっていくために必要な経験だと思います。

先日引き受けた案件では、依頼した人が主催するセミナーでWeb広告の講師をしてほしいと言われました。

元々知り合いだったので快く引き受けたのですが、料金を支払う段階になって「分割払いにしてほしい」と言われ、承諾したところ、最初の1回しか支払われていません。

何度も催促しているのですが、そのたびに「2、3か月待ってほしい」と言われ続け、2

年経った今でも残金20万円を支払ってもらえない状況がズルズルと続いています。

このケースのように、自分がベテランになっても、料金を支払ってもらえないことはあります。そういう場合は泣き寝入りするのではなく、やはり辛抱強く交渉するしかないのだと思います。あまりにも悪質で高額の料金の場合は弁護士に相談するしかないかもしれませんが、私の場合は自分で交渉するようにしています。

それ以外にも、今までいろいろな経験をしてきて、「こういう困った人とはつきあわないようにしよう」という自分なりの基準ができました。

× マウントを取る人

以前、とにかく何でも見下す人がいました。

相手が「とにかく、一度お会いしたい」と何度も言ってきたので会う時間を設けたのですが、私の顔を見るなり、「あれ、倉林さんって意外と太ってるんですね」と、失礼な一言。初対面の相手に言うセリフではないな、と思いました。

嫌な予感がしつつも仕事を引き受けたのですが、いちいちカチンとくるような発言をされるのでモチベーションが落ちてしまい、Web広告のレポート業務をしばらくさぼったら激怒されて契約を切られてしまいました……。結果的には契約を切られてよかったのですが、自分の最後のほうの仕事への姿勢については反省しています。

この経験から、マウントを取る人の仕事は受けないほうがいいなと思っています。

誰にでも、どうしても相性が悪い人や生理的にムリだと感じる人はいるでしょう。そういう場合、ムリに引き受けなくていいと思います。私も仕事自体が難しいのはいいのですが、人物が面倒なタイプだと余計なストレスで時間をとられてしまうので、なるべく距離を置くようにしています。

× タダでやらせようとする人

とくに起業初心者のころは足元を見られて、「ついでにこれもお願いできるかな」と依頼されることがあります。

そういう場合は、必ず「ついで」の業務も料金を確認するようにします。

私の場合、「この企画を通すための社内用の企画書もよろしく」と、引き受けるのを前提で話を進められたことがあります。そのときは、「これは御社でやる業務であって、私の業務の範囲には含まれていません」と断りました。しかし、仕事を引き受ける側の立場は弱いので、「ＮＯ」と言えずに引き受ける方も多いのではないでしょうか。

タダでやらせようとする人がいいお客様になるとは思えないので、断るか、追加料金をいただくようにすべきでしょう。

× 緊急の依頼が多い人

毎回のように「納期まで時間がなくて申し訳ないんですけど」と依頼してくる人は、仕事の進め方に問題があるのか、ブラックな環境で働いているかのどちらかでしょう。

こういう場合は、断るか、追加料金をいただけるなら引き受けています。ただ、余裕がないときに引き受けるとほかの案件に影響が出てしまうので、その見極めが必要です。

× 明らかに自分よりステージが上の人

冒頭のコーチングの先生の件がまさにそうですが、通常なら自分に依頼が来ないような人から依頼があったら要注意です。その先生はワンマンすぎて会社のスタッフが次々に辞めていたようで、人がいないから私のところに依頼が来たのだとわかったのは、かなり経ってからでした。

舞い上がらずに、まわりの友人に事情を聞いてみるなど冷静な対応をしましょう。

ほかにも距離を置きたくなるタイプはいますが、一言で言うと「人としてどうなの？」と感じる人が「困った人」だと言えます。

最初はわからないかもしれませんが、経験値が上がってくると、困った人を見抜く目を鍛えられると思います。**そういう人と頑張ってつきあってヘトヘトになるより、もっとまともで信頼できる人と仕事をするほうが、はるかに健全です。**

途中で仕事を降りるのは難しいですが、二度目の仕事の依頼や契約更新のタイミングで「スケジュールが合わなくて」などと理由をつけて断れば、自然と疎遠になっていくはずです。

チェックポイント

立場が弱いからと諦めていませんか？

100％いい人も、100％悪い人もいない。

起業で成功する人は、起業0年目からリスクを取るのがうまい

起業して成功する人は、どんな人でしょうか?

たとえば、壊れかけた橋を渡るとき、①安全を確認して渡る人、②渡るのをやめてしまう人、③何もしないで渡る人がいるとします。

このうち、起業家として理想的なのは①です。②は渡らないと何も始まらないので、一番向いていないでしょう。③は何度も失敗しそうなリスクをはらんでいますが、行動を起こしているので②よりはマシです。

私の起業塾でも、すべての参加者が起業するわけではなく、「売れなかったらどうしましょう」「お客様にクレームをつけられたら、どうしたらいいんですか?」と不安ばかりを口にして、なかなか行動に移さない方がいます。

ほかの起業家向けの講座でも、起業のアイデアを持っていて、講師が「面白いじゃな

いですか。起業してみたらいいんじゃないですか?」と勧めても、「でも、このビジネスで絶対に成功するかどうかわからないので」と躊躇する人がいるのは珍しくありません。**そのビジネスで成功できるかどうかは誰にもわかりません。しかし、それがどんなに素晴らしいアイデアであっても、起業しないことには成功できないのは確実です。**

確かに、以前は起業のハードルが高かったのでためらうのはわかりますが、ここまでお話ししてきたように、今はお試し起業できる場がたくさんあるので、行動しやすくなっています。

ところが、「ちゃんとスキルを磨いて、成功できる商品をつくってから売りたい」と考えている方は少なくありません。その発想は逆で、スキルを磨くために出品して、受注の回数を重ねるうちに商品のレベルが上がっていき、成功にたどり着けるのです。

だから、あれこれ悩むぐらいなら、まずココナラなどで出品するのをおススメします。

どうしても不安なら、返金保証をつけて出品する方法があります。

返金保証とは、「もしサービスにご満足いただけなかったら、全額ご返金します」という、通販番組でよくあるサービスです。

「まだ初心者なので、商品の質にご満足いただけなかったら返金します」とプロフィール欄にあらかじめ書いておけば、読んだ人は納得したうえで依頼するでしょう。よからぬことをたくらむ人がいたら、本当は満足しているのに返金を要求するかもしれません。そうだとしても、それを怖れて受注の機会を逃すほうがもったいないと思います。

とはいえ、それに味をしめて何度も返金を要求されても困るので、「返金した方は、一定期間受注できなくなりますので、ご了承ください」と書いておけば、トラブルは防げるはずです。

私が以前通っていたゴルフスクールには満足保証がありました。料金は25万円前後でしたが、「半年でスコア100を切れなかったら全額返金します」という決まりになっていました。ただし、カリキュラムをすべてこなしていて、スクールの期間が終わって1か月以内に申告しないと受け付けない、返金したら一定期間スクールを利用できないなどの条件が決まっていました。

通販でも返金保証をつけている会社は多いので、おそらく返金を望む人はそれほど多くないのだろうと推測しています。ココナラでも、「初心者なので」とあらかじめ伝えておけば、もっと経験のある人に頼みたい人は最初から選ばないでしょうし、相手もそれほど大きな期待をしていないでしょう。

３０００円ぐらいの商品なら、返金保証をつけておけば大きなトラブルになることはないので、リスク対策になります。返金したとしても、３０００円の損失なら「いい勉強になった」と思えるので、ちょうどいい金額です。

併せて、前述したようにプロフィールで「画像は○枚まで」「修正は3回まで応じます」のように作業範囲を明確にしておけば、トラブルを減らせます。

そのようにリスク対策をして臨めば、最初の一歩を踏み出しやすくなるのではないでしょうか。

チェックポイント

考えすぎて行動できないのはなぜ？

リスクを恐れるより何もしないことを怖れよう。

第7章

稼ぐだけではダメ！
誰も教えてくれないお金の話

起業で成功する人は、起業0年目から必要な生活費を確保する

皆さんは、起業したらいくらぐらい稼ぎたいという目標はありますか？

年収1000万円、2000万円、それとも1億円？

金額は人それぞれ。各自の目標を目指して頑張りましょう。

しかし、それとは別に私がここで言いたいのは、最低限の生活費はいくらかかるかです。

起業すると収入の波が出てきます。それが会社員の給料とは大きく異なる点です。

どんなときでも乗り切れるように、最低限の生活費を確保するようにしましょう。

毎月1000万円～1億円の収入があったら理想的ですが、漠然とそれを目指すとなると何をやればいいのかわからなくなってしまいます。

まずは、今の自分の生活を維持するのにどのくらいのお金が必要なのか、毎月の生活費

を計算してみましょう。

家賃、水道光熱費、食費、通信費、娯楽費など、大体の金額で構いません。

次に、起業したら今の生活と同じ水準をキープしたいのか、少し贅沢をしたいのなら、どれぐらいアップしたいのかを考えてみます。

金額は人によって違うと思いますが、自分が望む生活スタイルなら月30万円ぐらいあればいいと見えてきたら、一つの基準ができます。最低限そこまでは稼ごうと思えたら、リアリティがわくでしょう。

ただし、これはあくまで生活費の話です。

起業したら今まで会社が負担してくれていたお金も、すべて自分で払わなくてはならなくなります。

社会保障費や年金、交通費や接待費などがそれに当たります。これらのお金も売上から差し引くことになります。つまり、毎月入ってきたお金を全部生活費に回せるわけではないのです。

ここで考えていただきたいのは、「それでも起業したいのか」ということです。

もしかしたら、このまま本業を続けて、副業として収入を得るほうがいいかもしれません。

会社員なら出勤すれば一定の収入を得られますが、起業すると状況によっては収入ゼロになることもあり得ます。

必ずしも会社を辞めなくても、会社以外の収入源を自力で確保するのが大事だと思います。

そして、副業で十分な収入を「3か月以上連続で安定して」得られるようになるまでは、安易に会社を辞めないようにしましょう。

たまたまラッキーなことが続いて、1か月で数十万円を稼げる場合もありますが、それは実力とは言えません。

「連続で」「安定して」というのが重要なポイントです。

副業で少し稼げるようになると、「会社を辞めて集中すればもっと稼げるだろう」と、早々に会社を辞めてしまう人もいます（私のことです……）が、それはリスクの高い行為です。

まずは副業で今の生活費を稼げるようになること。より安全策をとるなら、**半年ぐらい稼げるようになってから辞めるとリスクを抑えられます。**

もし副業で今の生活費を稼ぐのが難しいのなら、そのビジネスでは十分に稼げないと判断できます。

その場合、ビジネスのやり方を変えるか、起業ではなく副業として続けるかなどの軌道修正が必要です。

チェックポイント

もう会社を辞めても大丈夫?

最低限、必要な生活費を稼げないうちは会社を辞めない。

起業で成功する人は、起業0年目から生活費半年分を貯めておく

「まず生活費の半年分を貯蓄専用口座に入れる。そしてキャッシュカードをハサミで切る」。これは私のお金のメンターが教えてくれたことです。

これから起業しようとしている人にはとても役に立つ教えなので、皆さんにシェアしたいと思います。

まず、起業するタイミングで蓄えとしてプールするお金は、貯蓄専用の口座に入れておきましょう。普段お金を引き出す口座とは別にするのが重要なポイントです。そこに少しずつお金を入れて、そのお金には絶対に手をつけないようにすること。副業で稼いだお金は貯蓄専用の口座に入れて、生活費用の口座とは別にしておくといいと思います。お金に手を付けないようにするために、その口座のキャッシュカードをハサミで切っ

て捨てましょう。

極端なやり方なので、実際にはそこまでしなくてもいいですが、わざわざ銀行に行かないとお金を引き出せないような工夫は大事です。くれぐれもお金を引き出す口座のキャッシュカードまで切ってしまわないようにしてください。

その口座には、最低でも生活費の半年分をプールしましょう。

たとえば、生活費が月30万円だったら180万円が一つの目安です。

半年分は最低限なので、もっとあると心強いですが、とにかく貯まるまでは大きな買い物などは控えること。

前項では、生活費を3か月以上連続で安定して稼げるようになるまで会社を辞めないほうがいいとお伝えしましたが、それと並行して貯金し、生活費が半年分貯まるまでは本業を続けるほうが安全です。

起業して会社員の収入がなくなると稼ぎが不安定になるので、半年分ぐらい貯蓄があると精神的に余裕が生まれます。逆に貯蓄がまったくないと常にお金の不安に襲われて、仕事にも影響が出ます。

私が起業したばかりのころは、口座はメインバンク一つしかつくらず、お金は全部そこに入れていました。そうすると、なんだかお金がたくさんあるような錯覚が起きて、金銭感覚がおかしくなってしまいました。その結果、どんどん浪費して気がついたらあっという間になくなってしまったのです。

「今の給料だと貯蓄に回す余裕なんかない」という場合でも、毎月5000円ならどうにか捻出《ねんしゅつ》できるのではないでしょうか。今は、毎月ほかの口座から決まった金額を自動で引き落とす銀行のサービスがあります。

5000円を自動で入金するように設定しておけば、1年で6万円、5年で30万円になります。たとえ生活費半年分には届かなくても、いざというときのお金があるだけで、どん底の状態にはならないでしょう。

また、貯蓄と併せて投資を始めるのもおススメです。

株式投資でも投資信託でもいいので、起業0年目から始めてみましょう。こちらも最初は月に5000円程度がいいと思います。今は運用した利益の一部が非課税になるNISA（少額投資非課税制度）が新しくなり、使いやすくなったので、積み立て投資信託をしやすくなりました。

ただし、貯蓄と違って、投資は元本割れして損をする場合もあるので、いきなり大金を投入するのは危険です。まずは少額で始めて、2~3年かけて投資のスキルを磨き、投資の金額を増やしていきましょう。

コロナ禍《か》のように、避けられない理由で仕事が激減することもあります。そういう場合でも、投資の収入があれば苦しい状況をしのげます。

ビジネスだけだとずっと働き続けなければなりませんし、資金が少ないと投資をしてもなかなか増えません。ビジネスでつくった資金を投資で増やせば、ビジネスだけ、投資だけよりもラクに目標に到達できます。

将来、本格的に起業するときに備えて、副業で稼いだお金は貯蓄や投資に回すのが、起業0年目の賢いお金の使い方です。

チェックポイント

収入ゼロでも食いつなぐための貯金はあるか?

起業するなら生活費半年分を貯金しよう。

起業で成功する人は、
起業０年目から
ムダ遣いをとことん減らす

トヨタ自動車やＮＴＴのような大企業が業績を下方修正するというニュースをよく目にするように、どんな規模、どんな職種の会社でも売上は安定しないものです。

起業すると、今年は売上１０００万円でも翌年は０円ということもあり得ます。そうならないように仕事を調整するべきですが、何が起きるかわかりません。

だから、売上だけを頼りにするのはやめたほうがいいと思います。

売上に対して、支出は自分でコントロールできます。使うお金はそれほど大きく変動せず、ある程度は自分でセーブできるからです。

お金の出入りを考えれば、売上が少なくても支出が減ればお金は残ります。

起業して事業が軌道に乗るまでは本当にどうなるかわからないので、いざ売上が激減

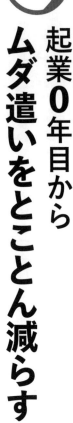

したときにも生きていけるように、起業0年目からムダ遣いをなくして支出を減らすトレーニングをしておきましょう。

これは前述した生活費を計算するときにセットでやってほしいのですが、生活費を見直していると結構ムダが見つかるはずです。

今は問題なく払えているとしても、ムダな支出を減らすとすぐにお金が増えていきます。

まずは、毎月すべての支出をチェックします。

領収書やレシート、クレジットカードや電子マネーの明細、銀行口座からの引き落としなど、漏らさず、全部確かめてください。

クレジットカード、電子マネーは明細があるので、何にいくら使ったのかが一目でわかって便利です。現金払いのものは、レシートを保管するか写真に撮るなどして把握できるようにしましょう。

使途不明金があってはいけません。たとえ数百円でもしっかりと追いかけること。

今は、明細書を紙で発行するだけで手数料を数百円とられたりします。

少ない金額ですが、年間では1000円を超えます。

それが積もり積もれば10年間で1万円を超えるので、早い段階でオンラインでの明細に切り替えるのが得策です。

支出の管理は家計簿ソフトを使ってもいいし、表計算ソフトで簡単な表をつくるだけでもOKです。

すべての支出を把握できたら、そこからムダなものをチェックしてカットしていきましょう。

とくに毎月出ていくお金（固定費）は真っ先に見直してください。

◎サブスク

音楽、動画配信サービスなど使っていないサブスクは解約しましょう。自動更新になっているものは注意して見ておかないと、知らないうちに続けてしまっていたりします。

◎スマホ、Wi-Fi

スマホは料金プランを見直したり、格安スマホに変えたりすることを検討します。家のWi-Fi環境も同時に見直すことをおススメします。

◎食料品、日用品

水、調味料、トイレットペーパー、洗剤など定期的に買うものはまとめ買いや定期購入でコストを抑えましょう。

◎家賃

家賃の安いところに引っ越すのも選択肢の一つです。

◎車

あまり乗らない車は手放してカーシェアなどを利用しましょう。

◎ゲーム、趣味、推し活

ゲーム、趣味や推し活などに使うお金には上限を決めて、際限なく使わないようにすること。

◎日常の出費

タクシーやコンビニ、カフェの支出も、1回分は数百円~数千円でも、積み重なるとそれなりの金額になります。回数を減らすなどの工夫を考えたいところです。

一度身に付いた習慣はなかなか変えられないものです。ムダ遣いがクセになっていると、いざやめようとしてもなかなかやめられません。

クレジットカードや電子マネーだと知らない間に使ってしまうなら、節約に慣れるまで現金だけ持ち歩くようにする方法があります。

ほかに、家電量販店やECサイトなどよく使うお店のポイントや電子マネーのポイント還元も上手に利用しましょう。

これを3年も続ければ、手元にかなりお金が残るようになります。それを貯蓄に回せば有効活用できるはずです。

起業して会社の規模が大きくなれば、必ずコストカットの問題に直面するときが来ます。その意識を起業0年目から持っておくのは重要です。

従業員を雇わず一人起業家でずっとやっていくとしても、節約の意識がないとお金は残りません。それでは、せっかく育てたビジネスを次のステージに展開することも難しくなるでしょう。

実際、お金持ちほどムダな出費は控えて、細かいところにうるさいのでケチだと言われたりします。

たとえば、飛行機はエコノミークラスを使い、銀行の手数料や書類を送るときの切手代までチェックする、流行に流されることなくよいものを長く使うなど、普通の人以上に質素に見える半面、将来有望な人材や事業には投資を惜しまないといった共通点があります。

そういうお金のリテラシーを持っているからこそ、お金持ちになれるのです。

過剰な節約生活を勧めるわけではありませんが、5000円、1万円の支出でも積み重なるとすぐに5万円、10万円になりますから、面倒でもやってみる価値はあると思います。

チェックポイント

お金をどんぶり勘定にしていないか?

お金とは細心かつ大胆に、メリハリをつけてつきあおう。

起業で成功する人は、

起業0年目から融資、税金について学んでおく

起業を考えている人は、会社員のうちに融資、税金についての勉強をしておくことを強くおススメします。

起業して走り出してからは勉強している時間はあまりないし、融資を受けるならそのタイミングでは遅い場合もあるので、事前に知っておいて損になることはありません。

会社員も所得税、住民税などの税金を納めていますが、給料から天引きされているので、自分がどのくらいの税金を納めているのかを知らない人も多いのではないでしょうか。

起業を考えているなら、税金について、その中でも節税については勉強しておいたほうがいいと思います。節税をするのとしないのとでは、年間で100万円くらいの差が出ることもあります。

たとえば、起業をして会社をつくったとき、節税の手法の一つとしてよく使われるのが「出張旅費規程」です。

これは就業規則の中に旅費規程を設けて、出張に関する交通費や宿泊費、日当はいくらかなどのルールを定めることです。

一人起業家の場合、就業規則など関係ないように思われますが、非常に大きな節税メリットがあるので、活用しない手はありません。

出張旅費規程は、

「○km以上または○時間の移動をする場合は出張とする」
「宿泊費は○万円」
「交通費は実費を支給」
「日当は○千円」

などのルールを考えて明記します。

出張旅費規程には、次のようなメリットがあります。

◎交通費や宿泊費だけでなく日当も経費にできる

日当は出張のときに必要な備品の購入や通信費、食事代などに使うことが想定されている経費です。

仮に、出張旅費規程で「日当は2万円」と決めておけば、実際に使った金額にかかわらず、2万円分は経費にできます。経費が増えれば会社の利益は減るので、法人税などの節税になります。

◎差額も支給される

宿泊費の上限を規程で定めておけば、実際のホテル代ではなく定額が支給されます。

宿泊費4万円と定めておいて、一泊5.000円のホテルに泊まったとしても4万円分は非課税になります。

差額の3万5000円をほかのことに使っても問題ないと言われています。

◎個人的な旅行を出張にすることができる

私がFacebookを広報活動の一環として使っているように、集客のためのSNSに写真を載せれば、個人的な旅行も会社の業務のPRになるので出張とみなすことができます。

日帰りで温泉旅行に行った場合、旅先の写真を「〇〇の視察に行きました」とSNSで公開すれば出張扱いになるということです。簡単なレポートも残しておいてくださいね。

出張回数が多ければ節税の金額も多くなりますから、出張が多い職種の人は上手に利用したほうがいい制度です。

ほかにも、マンションを借りるときに会社名義で借りて社宅にすることで節税する方法もあります。マンションの広さや家賃の一部を負担するなど一定の条件を満たせば、会社の経費にできる仕組みがあります。

これらは、個人事業主ではなく法人で使える制度なので、会社をつくることが前提です。一人起業家であっても、会社をつくると多くの恩恵を受けられます。

会社をつくるときは登記などの手続きが必要ですが、今はオンラインで書類の作成から申請までできるサービスがあります。

以前に比べると会社設立の費用もかなり抑えられるようになりました。

脱税は犯罪ですから絶対にやってはダメですが、節税はできる限りしたほうがいいと思います。

ただし、税金に関わる制度は頻繁に変わることが多いので、インターネット上にはすでに時代遅れの節税対策も存在します。

YouTubeで専門家が解説しているチャンネルなどで、なるべく新しい情報を入手してムダな労力を使わないようにしましょう。

また、政策金融公庫や自治体には、会社を創業するときだけに受けられる融資や補助金があります。

そういうものは起業した後で知っても意味がないので、起業の準備の一環として情報を集めておきましょう。

私が勧めているのは主にオンラインビジネスなので、基本は始めるのにお金はかかりませんが、何かで困ったときに使える融資や補助金を知っていれば心強いものです。

たとえば、どうしても自宅で作業ができずにオフィスを借りる場合は、ある程度資金が必要になるかもしれません。

融資の種類によってさまざまな条件があるので、自分に合いそうなものを探しておきましょう。融資には返済が必要なものもあれば、返済の義務がないものもあります。

検索エンジンに「起業」「融資」「助成金」「補助金」などのキーワードを入れて検索するとたくさんヒットするので、起業前から時間があるときに眺めておくといいと思います。

そうすれば、後々起業のイメージが固まってきたときに「あれが使えそうだ」と効率よくアクセスできますから、お金だけでなく時間の節約にもなります。

助成金や補助金は次々と新しいものが出てくるので、時々チェックして新しい情報にアップデートしましょう。

チェックポイント

税金や融資の話は面倒くさい？

節税、補助金は知っている人だけが得をする。

起業で成功する人は、
起業0年目から3年間は生活レベルを上げない

起業してすぐにまとまったお金を稼げたとしても、即生活レベルを上げるのは絶対にNGです。

ここまでに、私の起業後のしくじりをお話ししてきました。

会社員時代は仕事自体が忙しかったこともあって、あまりお金を使わずに過ごしていたのですが、起業後は急に大金が入ってきて金銭感覚が完全にマヒしてしまいました。

「頑張った自分へのご褒美だ」「税金で持っていかれちゃうのも嫌だな」などと理由をつけて、一気に生活レベルを上げました。

元々広い家に住みたいと思っていたので、代官山駅前の家賃40万円くらいの高級マンションに引っ越して、１００万円かけて大型テレビや高級なオーディオも揃えました。

移動はタクシー、新幹線もグリーン車。近所に高級なレストランがいくつもあったので日常的に外食をしていたし、普通よりお高いデリバリーもよく利用しました。

その後、1社しかなかった取引先と喧嘩《けんか》別れして、2年目の売上が激減してから、頭の中では生活のレベルを下げなければいけないとわかっていました。

しかし、結局下げられませんでした。気がついたらタクシーに乗り、出張に行ったら「疲れているから」という理由でグリーン車に乗り、ムダな出費を止められなかったのです。結局、1千万円以上あった貯金は3年くらいでゼロになってしまい、どん底の時代に突入します。もし、そこまで生活のレベルを上げていなかったら、それほど困ることはなかったと思います。

元漫才師、現在は絵本作家で舞台やイベントなどさまざまなエンタメを提供する会社CHIMNEY TOWNの取締役を務める西野亮廣さんは、インタビューの中で「生活レベルを上げても幸せになれない」と話しています。

彼は会社の取締役になった後も会社からの固定給をもらっていて、オンラインサロンやYouTubeなどでいくら売上をつくっても自分の報酬を増やさない仕組みにしているそうです。なぜかといえば、生活レベルを上げると「失う幸せ」があるからだとか。

つまり、今幸せだと感じていることを幸せだと思えなくなってしまうので、それが嫌だという理由のようです。売上が増えた分は報酬として受け取るのではなく、会社の事業や社会貢献のための資金に回して、それがうまくいくことのほうが自分の幸福度が上がる。収入が増えるごとに生活レベルを上げても幸せにはなれない、と語っています。

私自身を振り返ってみても、生活レベルを上げた当時が幸せだったかというと、そうではありませんでした。今、私は当時より稼げていますが、埼玉で夫婦で満ち足りた生活を送っています。なお、家賃は代官山の4分の1以下です（笑）。

「足るを知る」という言葉もあるように、それこそが幸福感につながるのだと思います。

「東京は家賃が高い」と言う人もいますが、多摩地区まで行けば2万円台もあります。ぜひ探してみてください。

起業して収入が増えたとしても、今までと同じ生活を3年間キープしていれば、その間にめちゃくちゃお金は貯まります。

30万円だった月収が起業して50万円になったとして、月収30万円のときと同じレベルの生活を続けていたら毎月20万円が手元に残ります。それを貯めれば、3年間で

720万円になります。

そういう状態になったら大きく使ってもいいと思いますが、最初の3年間はお金をあまり使わずに過ごすトレーニング期間だと思ってください。

また、生活レベルを上げて見た目が派手になり、派手な遊びをするようになると、「お金目当て」の人たちがまわりに集まってきて、反対にまともな人は去って行きます。

一時的に承認欲求は満たされますが、後で失ったものの大きさに気がついて虚しくなるかもしれません。

そうならないためにも、決して浮き足立たないようにすること。そうすれば、皆さんの能力や魅力を認めてくれる人が集まってくるはずです。

チェックポイント

一度のぼった階段を降りる度胸《どきょう》がありますか？

生活レベルをいくら上げても幸せになれない。

起業で成功する人は、
起業0年目からお金を使うトレーニングをする

何事もトレーニングが大事で、お金と上手につきあうためにもトレーニングが必要です。

起業0年目にやっておいたほうがいいのは、お金を使うトレーニングです。

前項で、起業して儲かっても3年間は浪費してはダメという話をしたばかりなのに、どういうことだ？　と思うかもしれませんが、浪費をするススメではありません。

むしろ、浪費をしないようにするために、適度にお金を使うトレーニングは必要なのです。

「3年間生活レベルをキープしてください」と言うと、まったくお金を使わないで我慢してしまう人がいます。

そうすればお金は貯まりますが、節約しすぎてストレスがたまると、3年経ってから反動で散財するかもしれないので、今からお金と上手につきあっておきましょう。

起業するからといって、好きなものを全部我慢して生活を切り詰めてお金を貯めていると、「そこまでして起業しなきゃいけないんだろうか？」となってしまいます。パートナーや家族はなおさらです。下手をすると、「起業はやめてほしい。会社勤めのままでいいんじゃない？」と抵抗勢力に回ってしまうかもしれません。パートナーや家族の理解が得られないまま起業をして、家庭が崩壊してしまっては元も子もないので、節約しすぎは考えものです。

もし3年間お金を使わずに過ごしてしまうと、いざ使おうと思ったときにお金の使い方がわからなくて、使うのが怖くなってしまいます。

私がどん底だったときは、お金を使いたくても使えなかったので、とにかく我慢して何も買わずに過ごしていたのですが、その後で本当に困りました。

夫婦旅行に30万円がかかると言われたときに、「えっ、それは高いな」とためらってしまったことがあります。

それぐらいの出費で生活は困らないはずなのに、つい「もっと安く行けるんじゃないかな？」と節約しようとする自分がいました。

しかし、妻と一緒に旅行に行くのは何にも代えがたい経験なので、30万円出しても惜しくないと思えたとき、お金を使う気になりました。

お金を使うのが怖い、お金を使うと罪悪感を抱く、十分な貯蓄があるのに不安という人は「節約症候群（お金を使えない症候群）」かもしれません。

これは、心理学で言うところの認知の歪みによる症状と言われています。

過度に節約してしまうことで家族や社会生活に支障をきたす場合は、対処しなくてはいけません。それがお金を使うトレーニングです。

散財するのも過度に節約するのも、お金に縛られていることに変わりはありません。お金から自由になるためにも、ふさわしい場でお金を使えるようになりましょう。

とはいっても使いすぎはよくないので、普段から手元に入ってきたお金の10％を上限にして好きなものを買ってみてください。

10％が上限なら、大きな失敗はないはず。旅行などのまとまった出費は、何か月分かを割り当てて使うようにします。

お金は何に使っても自由ですが、ただ使うのではなくて、どうやったら自分と家族が喜ぶかを考えながら使うのが大切なポイントです。自分や家族へのご褒美だと考えましょう。

なお、自分への投資、たとえばセミナーに行くとか起業に関連する教材を購入するなどの費用は別枠にします。最初のうちはあまりお金をかけないほうがいいと思いますが、こちらも上限は収入の10％程度にしましょう。

これから起業したいと思っている皆さんは、起業すること自体が目標ではなく、お金を貯めることが目的でもないと思います。

楽しく幸せな生活を手に入れるという理想に向かって、自分も家族もハッピーになる起業を目指していただくことを願っています。

チェックポイント

節約は美徳？
いくらお金を貯めても使わなければただの紙。

第8章

無理なく進める起業スケジュール

起業で成功する人は、

起業0年目から一日の使い方のトレーニングをする

コロナ禍で緊急事態宣言が出て、出社せずに自宅で仕事をすることになったときのことを皆さん覚えていますか？　最初は「満員電車に乗らなくてもいいんだ！」「朝9時までに出社しなくていいんだ」「会議が減った♪」と喜んでいても、段々、「これ、ヤバいな」となったのではないでしょうか。

一日24時間を自分で管理するのは、それほど簡単ではありません。朝、メールをチェックしようとスマホを見たら面白そうな動画を見つけて、気がついたら2、3時間ダラダラとネットサーフィンをしていた、というのはよくあるパターン。会社ではまわりの目がありますが、家で一人で仕事をしていると、誰にも何も言われないので自制できません。

そして、一日の終わりに「今日もダラダラと過ごしてしまった……仕事が全然進んでいない」と自己嫌悪に陥ったりします。

起業したら、1年365日がこういう状況になります。

私も起業したばかりのころは、「会社にいたときと同じように朝9時には仕事を始めよう」と思っていても、全然起きられず、自分を律する難しさを痛感しました。

そのうえ、24時間を自由に使えるはずなのに、なぜか時間がない。

「なんでこんなに時間がないんだろう」と、一日何をしていたのかを書き出してみると、空白の時間があることに気づきました。その空白の時間は、作業をしている最中に、「ちょっと休憩」とマンガを読んだり YouTube を観たりしている時間です。1回ごとに20～30分ではあるものの、一日の合計では2、3時間になっていました。

そこで第3章でご紹介した Google カレンダーで時間管理をするようになったのです。

意識しないでしている行為は、見える化しないと意識できません。

時間をムダに使わないためには、起業0年目から一日のタイムスケジュールに沿って生活する習慣を身に付けておくのがベストです。毎日する作業は、「朝9時からメールチェック」というふうにスケジュールに入れます。

最近は、IT業界では「もくもく会」が話題になっています。

これはカフェやコワーキングスペースに集まって、一人一人がやりたい作業をする場です。お互いに教え合うわけでもなく、黙々と作業をするから「もくもく会」です。

「自分の家で作業をするのと、どう違うの？」と思うかもしれませんが、それだけみんな意志が弱いということです。家で作業をするとどうしても集中できないので、人が集まる場に足を運んで、「まわりが仕事をしているから、自分もやらなきゃ」と強制的にスイッチを入れる場が必要なのです。そのような場に参加して、決まった時間に仕事をする習慣を身に付けるのも、時間管理のトレーニングになります。

そして、時間を管理するときに大事なのは、いかにその作業に集中するか。

「ポモドーロ・テクニック」と呼ばれる、集中力を維持するための有名な時間管理術があります。25分作業をしたら、５分休憩する。これを繰り返しながら作業を進めたら、集中力が途切れずに生産性を上げられると言われています。

ちなみに、このテクニックを生み出したイタリア人の学生が勉強時間を測定するために使っていたのが、トマトの形をしたキッチンタイマーで、イタリア語でトマトは「ポモドーロ」と言うところから、この名前がつきました。

25分でなくても、15分だけ作業をして休憩してもいいと思います。

オンラインで副業すると、スマホやパソコンを見続けてしまいます。何時間も作業をしていると目が疲れてきますし、肩こりや腰痛になるとメンタルもダウンするので、頑張りすぎないのが集中するコツです。

私は15~30分昼寝をして、疲れが長引かないようにコントロールしています。

以前、Zoomで打ち合わせをしていたときに、「最近、おかしくないですか？」と相手に聞かれたことがあります。自分では普通に接しているつもりでも、声の調子や顔色で伝わってしまったのでしょう。自分ではできていると思っていても、実際にはほころびが出ている場合もあります。メンタルや健康を保っておかないと仕事のパフォーマンスに影響するので、それも含めて時間の使い方の改善を心がけてください。

チェックポイント

時間の奴隷になっていませんか？

時間の管理は受け身にならない。主人公はあなた。

起業で成功する人は、
起業0年目から一瞬で決断している

起業をしたら、すべて自分一人で決断しなくてはなりません。

したがって、できるだけ即断即決の習慣を身に付けておいたほうがいいでしょう。

どんなビジネスを選んで、どんな相手と取引するのかという大きな決断から、商品の金額をどうするかという中ぐらいの決断や「メルマガのタイトル、何にしよう」という小さな決断まで、日々さまざまなことが頭を悩ませます。自分の裁量で自由に決められる分、私も毎回、相当悩みました。

今はスピード重視の時代で、「1週間検討させてください」と言ったらその間にほかの人にオファーされてしまう可能性もあります。

まさに時間との勝負です。

会社では上から言われたことには従うしかありませんが、起業前から即断即決のトレーニングはできます。

その方法の一つがあみだくじ。

たとえば、副業で「この案件、引き受けていいかどうか、悩むなあ」という場面があったとします。

そこで、「引き受ける」「引き受けない」という2つの答えを書いた簡単なあみだくじをつくって、どちらかを選んでみます。

「引き受ける」になったとき、「じゃ、やってみるか」と思えたのなら、引き受ければいいでしょう。

逆に「うわ、マジか」となったら、本当は引き受けたくないのだとわかります。それなら引き受けなければいいだけです。

「それだとあみだくじをする意味がないのでは?」と思われそうですが、自分の本当の気持ちがわかります。

たいてい、こういう場合はメリットとデメリットを挙げて、「メリットのほうが多いから、気が進まないけど引き受けるか」と決めたりします。冷静に考えたほうが、いい結論が出る気もしますが、結局、「引き受けなければよかった」と何度も後悔することになったりするものです。

これは私だけなのかもしれませんが、理性で選ぶより、感覚で選ぶほうがうまくいきます。なぜなら、どちらを選びたいのかは、すでに自分の中で決まっているからです。

理性で選ぼうとすると、なかなか結論が出なくて延々と悩みがちなので、その時間がもったいない。自分の中の答えをすぐに見つけるために、あみだくじは意外と役に立ちます。

決断できないときに、成功している人の思考パターンをマネる方法もありますが、それはあまり役に立たないかもしれません。

自分の一歩先、または0・5歩先の人をマネするのなら現実味がありますが、その分野で10年以上の実績がある人だと、はるか先を行っているので、あまり参考にはならないのです。

たとえば、成功者が「常に最悪のパターンを想定せよ」と言っていても、これから起業する人が最悪のパターンばかりを考えていたら、却って行動できなくなるのではないでしょうか。

成功者はありとあらゆる修羅場をかいくぐってきたから、想定して避けることもできるわけです。

それよりは、あみだくじを使うほうが行動につなげやすいと思います。

経験を積むうちに、目利きができるようになって「この場合はこうすればいい」と迷わずに判断できるようになります。

その域に達するまでは、自動的に判断できるツールを使うと、悩んでいる時間を短縮できます。

じっくり考えて決断したほうがいいこともありますが、たいていは即断即決で何とかなるものです。

チェックポイント

優柔不断を直したい？

決断力はトレーニングで身に付けられる。

起業で成功する人は、
起業0年目から
人に仕事を任せている

世の中には「任せ方の教科書」的な本がたくさん出ていますが、それは会社員だけに関係することだと思っていませんか？

一人起業家は任せる相手がいないから関係ないと思うかもしれません。

しかし、一人起業家にこそ、任せる意識もスキルも必須です。

ここまで「起業したらすべての作業を自分でやらなくてはならない」と語ってきましたが、時間は有限です。

それほど忙しくない時期は、「人にお金を払ってやってもらうより、自分でやろう」と思ってしまいますが、人に任せて時間ができたら、新たな仕事を引き受けられます。そのほうが結果的に仕事は増えて、お金も増えていくのです。

新たなビジネスを考えたり人脈をつくったり、起業家がすべき仕事は山ほどあります。

「時間をお金で買う」と考えて、人に任せられることは任せましょう。

人に任せるための練習は、起業前からできます。

本業で部下がいる人は、部下になるべく仕事を任せたり、自分だけでは手いっぱいになったときは上司に相談したりするのも、任せるための練習になります。

人に任せられない人は、「教えるのに時間をかけるぐらいなら、自分でやったほうが早い」と考えがちです。しかし、それではこの先もずっと自分の時間に余裕が生まれないままです。

将来自分がラクをするために、今時間をかけているのだと思えば、教える気になるのではないでしょうか。

人に相談するのも大事です。

私も起業したばかりのころは一人で仕事したいから起業したので、人に任せたり相談したりするという発想は一切ありませんでした。その結果、ムリをしすぎて倒れてしまい、半年くらいまともに仕事ができませんでした。

5年間どん底を味わったのも一人で何とかしようとしていたからで、誰かに相談していたら、もっと軽症で済んだかもしれません。

ですので、起業0年目から人に頼る習慣を身に付けておいたほうがいいと、心の底から思います。


最初は一人でやっていても、事業が軌道に乗ったら人を雇うことになるかもしれません。

雇わなくても、経理に関することはその分野の専門家に任せられますし、自分の作業も、手が回らなくなったらココナラなどで誰かに手伝ってもらう必要があるかもしれません。

私も起業塾の塾生に、自分の仕事の一部を頼んだりしています。

これは「一人で仕事を請け負う」という体験を実際にしてもらうために頼んでいるのですが、仕事の一部であっても誰かにやってもらうとラクになると実感しています。

ココナラでは「アイデア出しにつきあいます」という商品を出品している人もいますし、自分で自分を律せない人は、コーチングで時間管理をしてもらうサービスもあります。そういったメンタル面のサポートを任せるのもアリです。

まだ経験が何もない段階から、作業をすべて人にやらせてしまうのは、さすがにやりすぎですが、ある程度経験を積んだら任せていくのは、自分がさらに成長するためのプロセスです。

任せるためには信頼できる人を何人か探さなくてはなりませんが、そういう人脈があれば、自分に何か起きたときに仕事を頼めます。

任せられる人を探しておくのも、起業家にとってリスクヘッジの一つです。

チェックポイント

人に任せるより自分でやったほうが早い？
どんな仕事もいつかは人に任せるときが来る。

起業で成功する人は、
起業0年目から作業時間を3倍多く見積もる

起業前に勤めていた会社では、コンピュータのシステムをつくる仕事をしていたのですが、作業を始める前に必ず工数の見積もりを作成していました。

しかし、たいてい見積もり通りに作業が進まず、「どうなってるんだ」と上司や顧客に詰められることもしばしば。その経験から、自分が「これぐらいで終わるだろう」と思った2倍か3倍のスケジュールで見積もりを出すようになりました。

とくにお試し起業を始めたばかりのころは、どんな作業でどれぐらい時間がかかるのか、見当もつきません。

本業と同じ仕事をするなら大体のスケジュールの見当をつけられるかもしれませんが、本業とはまったく違う仕事で副業をする場合、おそらく予定通りには進まないでしょう。

ですので、自分が思っているより2倍か3倍の時間はかかると見積もっておくのが安

全策です。

何が起きても仕上げられるスケジュールにしておけば、誰にも迷惑はかかりません。

ココナラなどに出品するとき、プロフィールで大体の作業時間を書くのが定着しています。

仕事をどうしても受注したくて、ほかの出品者よりも早くできるとアピールしてしまったら、トラブルのもとです。

もし予定より倍の作業時間がかかってしまったら、依頼した側は激怒します。急ぎの案件だったら取り返しがつきません。相手には二度と依頼してもらえませんし、自分の評価が下がります。

それに、「すみません。予定より遅れそうです」と相手に連絡するのは気が引けるものです。言いづらくて、納品日に相手から「どうなっていますか?」と尋ねられて、ようやく間に合っていないことを告げたとしたら、最悪です。

会社なら誰かがフォローしてくれますが、副業ではすべて自分の責任になるので逃げられません。

それを避けるには、やはり余裕を持ってスケジュールを組むのが基本です。

もし予定よりも早く作業が終わったら、「こんなに早く納品してくれるなんて、この人は優秀だ」と思ってもらえるでしょう。多めに見積もって予定より早く作業が終わるほうが、相手の心証は確実によくなります。

そもそも、タイトなスケジュールだと商品の質も低くなり、自分も心身ともに疲弊するので、メリットはほとんどありません。

とにかく、起業初心者は時間をかけてでも、丁寧に仕事をすること。それをしないと、依頼した人が満足する仕上がりにはなりません。

慣れてきたら自然と仕事のスピードが上がるので、そのタイミングでスケジュールを短く設定すれば、ムリなく仕事を受けられます。

そして、仕事を受けたときは、1時間でできると思っていても、その3倍ぐらいはかかると想定して時間を確保しましょう。

スケジュールには人と会うアポイントは入れていても、作業時間を入れている人はあまりいません。

「今晩中に終わらせちゃおう」と思っていても、思ったように作業が進まず、翌日の締め切りに間に合わない……となったら困るので、3倍かかるつもりで時間を確保しておくのがコツです。

最初のうちは、実際にどれぐらいの時間がかかるのかが想定できないかもしれません。その場合、最初の数回は想定していた時間と実際の作業時間とでどれぐらいずれが生まれたのかをチェックしてみてください。

どの段階で時間がかかっているのかがわかれば、次回から時間を修正できます。回数をこなすうちに作業は速くなっていくので、最初は時間がかかるものだと考えておきましょう。

チェックポイント

仕事はスピードが命？ ムリなスケジュールはみんなの迷惑。

起業で成功する人は、

起業0年目から今日やることを3つだけ書き出す

救急医療の現場では、災害などで多数の患者が出た場合、トリアージを行うのは有名な話です。重要度に合わせて赤、黄、青と色分けし、赤から治療します。

もし目の前の患者から治療していたら、助かる命も助からなくなってしまいます。

ビジネスも同じで、優先順位のつけ方は起業家にとって重要な問題です。

案件ごと、あるいは作業ごとに赤、黄、青と色分けすると、何から手をつけたらいいのかが明確になるでしょう。

紙に作業を書き出すか、スマホのメモ帳に打ち込んで色分けしていきます。色付きの付箋を使ってもいいかもしれません。ただし、「全部が重要だから赤」となったら意味がないので、それぞれの色の数を決めておくと強制的に重要度を決められます。たとえば、赤は3個、黄は10個、それ以外は青、という具合に。

以前、塾生に「起業までにやることが多すぎて、何からやればいいのかわからない」と相談されたとき、今やらなければならない作業を書き出してもらいました。

すると、20個ぐらい列挙したのですが、そのリストを見ると今やらなくてもいい作業が多いことが明らかになりました。

その塾生はココナラで50件ぐらい受注して、着々と実績を築いています。

しかし、Facebook や Instagram で情報を発信したり、note でも記事を書いたりしているので、「それもやらなければ集客できない」と考えていたのです。

確かに、それもやったほうがいいのですが、成果に結びつくまでに時間がかかるので、ほかの作業より優先してやらなければならない作業ではありません。

そこで、「起業に向けて今日やることを3つだけ書き出そう」とアドバイスしました。3つに絞ると、すぐに取りかかれる作業や、先送りしないほうがいい作業に意識が向きます。

その塾生の場合、ココナラで同じ商品で売れている人のページを見て参考にしたり、自分が出品しているページを見直したりするのが先だと、私はアドバイスしました。50件も売れていたらもうベテランなので、出品ページにもお客様の声を入れるなどして、その実績を反映すべきです。まずは商品を出品しているサイトでの集客を考えるのが先決で、SNSでの発信は、もっと実績を重ねてからでも問題ありません。

やることを3つだけに絞るためには、「センターピン理論」が参考になります。「センターピン理論」は元グッドウィル・グループ創業者の折口雅博さんが提唱した成功法則です。

ボウリングでストライクをとるためには、一番前の真ん中にあるセンターピンを倒さないといけません。センターピンにうまく当たると、背後のピンも反動で倒れます。

ビジネスにおけるセンターピンとは、「物事の本質を見極める」ということ。センターピンを見つけて倒せばそのほかのことは何とでもなりますが、センターピンを無視して背後のピンばかり倒しても、何の解決にもなりません。

つまり、「今倒すべき仕事のセンターピンは何か」を考えれば、最優先すべき作業が「情報発信より副業での集客アップ」だとわかるということです。

今いる会社で、上司や会社が何を望んでいるのかを常に考えていると、センターピンを見つけられるようになるのではないかと思います。

私自身、会社に勤めていたときに、もっと上司の意向を聞いておけばよかったと今さらながら反省しています。

たとえばプレゼン用の資料をつくるように命じられたときに、「どういう場面で使うのですか」「どういう相手に聞いてもらいたいのですか」と深掘りしていれば、上司の意向を理解できたでしょう。それを聞かないまま「わかりました」と引き受けていたので、「こういうのを求めていたんじゃない」とやり直しを命じられたりしたのだと思います。

ですので、とくに社会人経験が浅い間は、相手に「なぜ」「どうして」と聞いて、上司や会社の意向を知るべきでしょう。そうすればセンターピンが見えてきて、いずれ自分自身のセンターピンも見えるようになります。

チェックポイント

木ばかり見て森を見ていない？
細部は誰にでも見える。全体を見る目を養おう。

起業で成功する人は、

起業0年目から集中できる環境をプロデュースする

起業して成功している人は、めちゃくちゃ集中力と体力があって、3日ぐらい寝ずに仕事をしていても全然平気！　というイメージがありますよね。

しかし、起業してから大勢の起業家と会って知ったのは、そんな神がかった人はごくわずかという事実です。

多くの起業家はさぼり上手で、意志もそれほど強くありません。

だから、前述したもくもく会のような場に参加して、集中せざるを得ない環境をつくっているのです。

会社勤めが長いと、どうしても会社に行くことで仕事のスイッチが入るようになっているので、自宅だとなかなか仕事がはかどらないかもしれません。

そういう場合はシェアオフィスを借りて、環境を変えるのも一つの方法です。私も起業したばかりのころはルノアール（喫茶店）に行って仕事をしていました。

前章でお伝えしたように、節約は大事ですが、お金の使い方にメリハリは必要です。毎日使うものやよく使うものにはお金を惜しまず、良質のものを使うことで、仕事に集中できる環境をつくれます。

参考までに、私は次のようなものにお金をかけています。

回 椅子

パソコンに向かって仕事する人にとって、椅子は重要な仕事道具です。

会社に勤めていたころは3000円ぐらいのオフィスチェアを使っていたのですが、30分も作業していると腰が痛くなってきました。

そうなると仕事に集中できず、作業が進まずに納期も遅れるので、椅子の影響はあなどれません。

そこで、起業前に思い切って10万円ぐらい（当時）のハーマンミラー「アーロンチェア」を買いました。

すると、座り心地がまったく違うので驚きました。

何時間座っていてもつらくならないので、作業がスイスイ進むようになったのです。

アーロンチェアに合わせて大きめの机を揃えて、作業をしやすいスペースをつくりました。

回 パソコンまわり

パソコンは3年ぐらいの周期で新しい機種に買い替えています。

高額の最新機種を買うわけではありませんが、古くなってくると動作が遅くなって仕事に影響が出るので、これは必要経費です。

ほかに、音楽を聴きながら仕事をするので、スピーカーもクリプトン「ＫＳ‐１ＨＱＭ」という5万円のものを使っています。安いスピーカーと値段が高めのスピーカーは全然音が違うので、音楽が好きならスピーカーにもこだわるのをおススメします。

回 室内の環境

私の場合、部屋は少し暗めのほうが集中できるので、ニトリの遮光《しゃこう》カーテンを使って、手元だけ明るくしています。
本棚も机の横にあると目に入って気が散ってしまうので、背後に置くなどして、余計な情報が入ってこないようにしています。
加えて、エアコンや空気清浄機なども、快適な環境にするためにこだわったほうがいいアイテムです。

このような環境を整えると、頑張って集中しようとしなくても、机の前に座ったら自然とスイッチが入るようになりました。

皆さんも、仕事になかなか集中できないのなら、環境を見直してみると解決するかもしれません。

チェックポイント

社長椅子は成功してから？
使用頻度の高いものにお金をかける。

起業で成功する人は、

起業0年目から
オンとオフの切り替えがうまい

ここまで仕事における時間の使い方についてお話ししてきましたが、同じぐらいに休日の使い方も大事にしたいポイントです。

起業すると1年365日仕事漬けになり、まったく遊ばなくなる人が多いのですが、成功している人は全力で仕事するのと同時に全力で遊んでいます。つまり、オンとオフの切り替えが上手なのです。

私も会社勤めをしていたころは人づきあいが苦手だったので、仕事しかしていませんでした。私に限らず、システムエンジニアは人間関係が苦手な人が多いので、会社はいつもシーンとしていて、みな黙々と仕事をしている職場でした。

そんな環境で職場になじめず、毎日残業して夜10時過ぎに家に着いてから、スーパーで買ってきたお弁当を3人前ドカ食いする日々を送っていました。ストレスで、相当メンタルをやられてしまっていたのだと思います。

その結果、体重はガンガン増えていき、当時は身長179㎝で105キロぐらいありました（今は85キロ）。不健康な生活の代償として糖尿病にもなってしまい、身も心もボロボロの状態でした。あのまま会社にとどまっていたら、過労死していたかもしれません。

そこから食生活と生活習慣を見直して健康体になるまで、かなり時間がかかりました。

その経験から、強制的にでもオフの時間をつくるのは重要なことだと考えています。

今の私は、仕事の合間を縫って妻とゴルフに出かけたり、旅行に行ってリフレッシュしたりしています。とくに予定がなくても、東京のホテルに一人で泊まることもあります。

起業前は、平日は本業の仕事をして、土日に副業をするスケジュールになるかもしれませんが、それでもなるべくオフの時間をつくるようにしましょう。起業の準備で疲弊したら起業するどころではなくなり、本業にも影響を及ぼすなど、マイナスのことしか起きません。

平日の夜に副業をして土日をあけておく、土日のどちらかは完全にオフにするなど、息抜きする時間はいくらでもつくれるはずです。

もし、「今は遊んでいる場合じゃない」と思うのなら、それは危険信号です。

一般に、食事や睡眠に支障が出たり、趣味や娯楽が楽しく感じられなくなったりしたら要注意です。

「遊んでいる場合じゃない」と思うのは、余裕がなくて視野が狭くなっているから。

そこまで追い詰められていると本業にも悪影響を及ぼすので、せめて30分でも1時間でも仕事から離れる時間が必要です。

早期に対処すれば数日や数週間で回復するものも、重症になると年単位の時間が必要になります。

「仕事から離れる」といっても、家にいて動画を観たりゲームをしたりしていたら、おそらくそれほどリフレッシュできないでしょう。

せめて映画館に足を運ぶほうが、まだリフレッシュできます。物理的にも精神的にも仕事から離れるのが重要です。

私の場合、山梨県の西沢渓谷という電波が届かないぐらいの山奥に行ってみたとき、強制的に仕事から離れられて、本当にスッキリしました。

仕事の電話もなく、電波が入らないのでメールが届かなくても何の問題もなかったので、「なんだ、こんなもんか」と拍子抜けすらしました。

今は「デジタル・デトックス」をするために、一定期間、スマホやパソコンを使えない環境に身を置くことを推奨する風潮もあるので、それぐらい思いきって環境を変えてみると気持ちを切り替えられます。

「そうは言っても、仕事が忙しくて時間がない」と思うのなら、それは時間をつくろうとしていないのではないでしょうか。

この章で紹介してきた方法を駆使すれば時間はつくれますので、ぜひ試していただきたいと思います。

チェックポイント

休むのが怖いと感じたら危険信号？

仕事スイッチはオンよりオフが難しい。

【著者紹介】

倉林　寛幸（くらばやし・ひろゆき）

◉――1977年生まれ、埼玉県秩父市育ち。早稲田大学理工学部卒業、早稲田大学大学院理工学研究科修了。Web広告代理店を経営。創業15年目、取引先はのべ1300社。

◉――元システムエンジニア。新卒で日立ソフトウェアエンジニアリング株式会社（現・株式会社日立ソリューションズ）に入社。７年半勤める。同じプロジェクトに参加していたフリーランスのエンジニアの月給が自分の３倍だったことを知り、フリーランスとして働くことに興味を持ち、独立起業。起業１年目は知人の紹介で安定受注できたため業績は好調。調子に乗って都心にある家賃40万円のマンションに住むなど散財する。起業２年目、１社しかない取引先に切られたことをきっかけにシステム開発の仕事から撤退。以後、ホームページ制作や動画制作などを細々と受注。売上は10分の１に激減した。どん底生活は５年続き、何をやってもうまくいかないあまりに自暴自棄になってしまい、怪しい儲け話に引っかかり800万円の借金を背負う。自分一人で頑張ることに限界を感じ、多くの起業家の中で成功し続けている人の考え方を学び始めた。その努力が実を結び、業績はV字回復していった。

◉――現在はWeb広告代理店を経営するほか、Web広告運用ビジネスを学べる会社員のための起業スクール「たまごキャンプ」、起業初心者のためのビジネスサロン「たまごアカデミー」を主催する。趣味はたまご料理を食べることとコロナ禍で始めたゴルフ。たまごは１日に10個食べることも。また、ゴルフを楽しみながら場所を選ばずに自由に仕事をするライフスタイルを送っている。

起業《きぎょう》0《ゼロ》年《ねん》目《め》の教科書《きょうかしょ》

2024年9月17日　　第１刷発行

著　者――倉林　寛幸

発行者――齊藤　龍男

発行所――株式会社かんき出版

東京都千代田区麴町4-1-4 西脇ビル　〒102-0083

電話　営業部：03(3262)8011㈹　編集部：03(3262)8012㈹

FAX　03(3234)4421　　振替　00100-2-62304

https://kanki-pub.co.jp/

印刷所――TOPPANクロレ株式会社

乱丁・落丁本はお取り替えいたします。購入した書店名を明記して、小社へお送りください。
ただし、古書店で購入された場合は、お取り替えできません。
 ISBN978-4-7612-7757-4 C0030